W0248328

Über das Buch

Die vielbeklagten Phänomene Hass und Verrohung sind Teil des traditionellen Pöbel-Problems: Vor 200 Jahren machte man Goethe-Bücher für Selbstmorde verantwortlich, nach 1990 sollten »Ballerspiele« und Heavy Metal an der »Verrohung der Jugend« schuld sein, an Hass, Gewalt, Amokläufen, Attentaten, Terror und sonstigem angeblichem Sittenverfall. Heute ist es der »Netz-Hass«: Was dem Rechten sein Drogendealer im Park, dessen Beseitigung ihm der letzte Schritt auf dem Marsch in die heile freie Welt ist, sind den Linksliberalen ihre Hassenden und Trolle im Netz. Die nähere Untersuchung zeigt: Da werden bloße Symptome zur Bedrohung für Gesellschaft, Freiheit, Frieden zurechtfetischisiert. Was aber ist schon der Hass gegen die Gesellschaft im Vergleich zur Gesellschaft, die den Hass hervorbringt? Was ist das Beleidigen eines Springer-Redakteurs gegen die Beleidigung, die Springer für die Menschheit bedeutet?

Über den Autor

Marlon Grohn studierte Soziologie und Germanistik. Er betreibt seit 2008 die Website »Lyzis' Welt« und veröffentlichte 2019 das Buch »Kommunismus für Erwachsene. Linkes Bewusstsein und die Wirklichkeit des Sozialismus«. 2020 gab er mit Dietmar Dath die Zitatensammlung »Hegel to go« heraus und referierte auf der Peter-Hacks-Tagung zum Demokratie-Begriff bei Marx und Hacks.

Marlon Grohn

HASS VON OBEN, HASS VON UNTEN

Klassenkampf im Internet

DAS NEUE BERLIN

Inhalt

»Erlauben Sie also, dass ich Ihnen mitteile, dass der Kampf zwischen Ihrer und meiner Generation [...] nicht ein Kampf um Meinungen, sondern ein Kampf um die Produktionsmittel sein wird. Es liegt in unserer Natur, dass Sie vornehm, ich unvornehm kämpfe. Sie werden mich doch nicht umbringen wollen! Aber ich Sie.« (Bertolt Brecht an Thomas Mann: Wer meint wen, Schriften zur Literatur und Kunst)

»Der Verfasser des Briefes ist erfüllt von edelstem proletarischem Haß auf die bürgerlichen ›Klassenpolitiker‹ (einem Haß, der allerdings nicht nur den Proletariern, sondern auch allen anderen Werktätigen, allen, um einen deutschen Ausdruck zu gebrauchen, ›kleinen Leuten‹ einleuchtend und verständlich ist). Dieser Haß des Vertreters der unterdrückten und ausgebeuteten Massen ist wahrlich ›aller Weisheit Anfang‹, die Grundlage einer jeden sozialistischen und kommunistischen Bewegung und ihrer Erfolge.« (W. I. Lenin: Der Linke Radikalismus, die Kinderkrankheit im Kommunismus)

»Und wir haben die Möglichkeit, zu wählen: bekämpfen wir ihn mit der Liebe, bekämpfen wir ihn mit Haß? Wir wollen kämpfen mit Haß aus Liebe. Mit Haß gegen jeden Burschen, der sich erkühnt hat, das Blut seiner Landsleute zu trinken, wie man Wein trinkt, um damit auf seine Gesundheit und die seiner Freunde anzustoßen. Mit Haß gegen einen Klüngel, dem übermäßig erraffter Besitz und das Elend der Heimarbeiter gottgewollt erscheint, der von erkauften Professoren beweisen läßt, daß dem so sein muß, und der auf gebeugten Rücken vegetierender Menschen freundliche Idyllen feiert. Wir kämpfen allerdings mit Haß. Aber wir kämpfen aus Liebe für die Unterdrückten, die nicht immer notwendigerweise Proletarier sein müssen, und wir lieben in den Menschen den Gedanken an die Menschheit.«
(Kurt Tucholsky: Wir Negativen)

1. Begriff des Hasses

Hass erfüllt

Die bürgerliche Konkurrenzgesellschaft, ihr Markt, ihr Zwang zur Kapitalreproduktion erzeugt eine Spannung in den Individuen und ihren Beziehungen, welche die herkömmlichen, beschränkten Welterfassungs- und Aneignungskonzepte wie Religion oder Ideologien mit ihren Erfolgs- und Glücksversprechen nicht mehr zu lösen imstande sind. Auf solcher gesellschaftlicher Grundlage wird der ohnehin vorhandene innere Hass immer in irgendeiner Form entäußert. »Triebabfuhr« nennt das die Psychologie. Aber die Triebmüllabfuhr tritt nur noch unregelmäßig ihren Dienst an; auch hier spart der Staat. Die sozialen Netzwerke müssen aushelfen: Früher gingen die Leute zum Therapeuten, heute zu Facebook.

Bislang suchte man die Spannungen aufzulösen, zu sublimieren mittels Arbeit, Therapie, Sport, Gaming oder, wo es besonders pressierte, durch Amokläufe und Terrorakte, Mord und Totschlag, alltägliche Gewalt auf der Straße oder in der als erholsames Idyll vielgerühmten Familie. Diese Phänomene sind als notwendige Hervorbringungen bürgerlicher Vergesellschaftung nichts Befremdliches oder Ausnahme, sondern Regelbetrieb. Sie sind Struktur.

Wo Glücks- und Liebesversprechen nicht mehr erfüllt werden können, scheint der Hass den ihn Empfindenden ersatzweise zu *erfüllen*. Das mag hinreichen, solange keine andere Erfüllung in seinem Leben zu erwarten ist. Gegnern des Hasses »im Netz« aber genügt es nicht, die Hassenden damit als gestraft genug zu erachten. Sie wollen den verkümmerten Seelen obendrein noch eins auswischen:

Gefängnisstrafen sollen her. Schon dieses Bedürfnis zeigt, dass *Hass* nicht bloß auf einer der Seiten ausgelebt wird.

Dass heute selbstverständlich von *dem* Hass geredet wird, als wäre dieser ein eindeutig bestimmtes Phänomen, während es sich in Wahrheit um klar darlegbare Erscheinungen handelt wie: konkrete persönliche Drohung, Verleumdung, Wut, Provokation, Nerverei, Kunst, unliebsame Ansichten, Faschismus, proletarischer Klassenkampf oder irgendwelche irrelevanten oder höchst bescheuerten Meinungen, statt um ein bloß abstraktes, nicht näher definiertes oder erforschtes Gefühl, zeigt, dass das öffentliche Geschwätz vom Hass in den letzten Jahren seine beabsichtigte Wirkung voll erzielt hat. Die Rede geht nicht mehr von gesellschaftlichen Zusammenhängen, die seelische Verelendung und Bosheit hervorbringen, sondern von behaupteten persönlichen Empfindungen – Hass beim Hater, Verletzungen beim Angepöbelten –, womit die wirklichen Ursachen bloß verdeckt werden. Das *Spektakel gegen den Hass* ersetzt die Auseinandersetzung mit der bürgerlichen Klassengesellschaft; es entspricht diese Gesellschaftsanalyse dem Niveau des Liberalismus. Man hat es also heute mit einer Öffentlichkeit zu tun, in der es nicht mehr um objektive gesellschaftliche Verhältnisse geht, sondern nur noch um die Verletztheiten einzelner Personen. Die Kinderperspektive einer subjektivistischen Erfahrungswelt wird zum hinlänglichen Maßstab auch für alle Belange des Lebensernstes.

So werden inzwischen die verschiedensten Vorgänge als Hass betitelt. Gemeinsam ist ihnen aber nur, dass sie 1.) scheinbar oder tatsächlich die liberale Mitte und ihre Ideologie bedrohen oder deren allzu schnell gefällte Urteile in Frage stellen und 2.) sich nicht an die Regeln des normalisierten Hasses halten, also ein anderes Hassverhalten an den Tag legen und einen anderen Modus des Hasses bevorzugen, als die bisher legitimierten und abgesegneten Formen des Hasses hergeben.

Hass oder Ideologie?

Einen Begriff zu bestimmen kann nicht gelingen, indem Wortklauberei oder Etymologie oder zusammenhangloses subjektivistisches Assoziieren betrieben wird, sondern nur mittels Überprüfung eines Ausdrucks in seinem *gesellschaftlichen Zusammenhang*, in seiner realen Praxis, seiner alltäglichen Anwendung. Auf diese Weise nur kann materialistische Begriffs*bestimmung* vorgehen, die schon deshalb keine *Definition* sein kann, weil nicht der dialektische Materialist die gesellschaftliche Verwendung von Wörtern anordnet, sondern das Gesellschaftsganze diese ausbrütet. Auch wildes Herumheideggern im Wortlaut selbst ist ein wenig hilfreicher Idealismus. Dem Verfasser ist es gleich, ob es irgendwo jemanden gibt, der tolle Privatdefinitionen eines sicherlich ehrlich empfundenen Hass-Begriffs vorweisen kann, die dem materialistisch bestimmten widersprechen, denn es geht darum, was am Wortgebrauch des Alltags so an ideologischem Murks abfließt und sich in die Hirne windet, um dort Schaden anzurichten. Kurz: es ist hier darum zu tun, genau zu schauen, wie, wo und vor allem von wem in welchem Zusammenhang das Wort *Hass* benutzt wird, um herausfinden zu können, was dieses letztlich *bedeutet*, was der Inhalt seines Begriffs ist, was damit tatsächlich *gemeint* ist, d. h.: was seine Realität ausmacht.

Wenn etwa in der Tagesschau, wie am 2. Juni 2020 geschehen, über den von einem Neonazi begangenen Mord an einem CDU-Politiker als Tat die Rede ist, »die aus Hass erfolgte«, handelt es sich damit bereits um ein Produkt jener der liberalen Gesellschaft eigenen Ideologie, die auch den Faschismus nährt. Ein politischer Mord wird hier auf eine Motivation heruntergekocht, über die man nur mutmaßen kann. Ein Akt des Mordes soll unbedingt »Hass« zur Ursache, nicht etwa einem rationalen politischen Plan entsprochen haben. Einem Verbrechen wird in aller Öffentlichkeit mit Täterseelenklempnerei begegnet. Gesellschaftliche Beziehungen, Verhältnisse zwischen Menschen, deren politische Ideologien und Taten, werden ihres Zusammenhangs beraubt. Nicht ein konkreter Mensch, der von anderen konkreten Menschen und einem konkreten staatlichen Gebilde wie dessen erzieherischen Strukturen hervorgebracht wurde und sich bei seiner Tat etwas gedacht haben könnte, sondern ein diffuses Gefühl wie der Hass, welcher vorher zumeist als »im Netz« wirkmächtig ausgemacht wurde, soll nun Schuld sein an Mord und Totschlag, als sei jedes bei Menschen aufkommende Gefühl von Hass schon der Einstieg ins Geschäft von Terror und Serienmord.

Das Deutungsmuster ist leider allgegenwärtig: Ebenso in der ARD zu sehen war im Juni 2020 ein Dokumentarfilm zum selben Anschlag unter dem Titel: »Tödlicher Hass – der Mordfall Walter Lübcke«.

Auch der *Spiegel* titelt auf seiner Ausgabe vom 21. Februar 2020, ein Jahr nach den faschistischen Mordanschlägen von Hanau: *»Deutscher Winter – Wenn aus rechtem Hass Terror wird«*. Es *»wird«* aber nicht »aus Hass Terror«. Der Terror kommt direkt aus der bürgerlichen Vergesellschaftung, ihrer Erziehung, ihrer Ansammlung von Rechtfertigungs-Narrativen; er hat da nicht erst den Umweg über irgendein Faschistenhirn nötig. Hier wird nach jahrelangem Einprügeln von Kategorienverwirrung suggeriert, der diffuse Hass – womöglich noch *aus dem Netz* – würde zu rechtsradikalen Gewalttaten führen. (Es fehlt nur noch, dass die Kameraden von ARD, *Spiegel, Bild*-Zeitung etc. noch den Faktencheck nachreichen, wonach die NSDAP in Wahrheit in einem Online-Trollforum gegründet wurde und Weltkrieg und Massenmord hätten verhindert werden können, wenn sich die Liberalen der zwanziger Jahre nur oft genug über Hass empört hätten.)

Wie konnte es zu solch einem Blödsinn kommen?

Der heute kursierende Hass-Begriff ist ein völlig beliebiger. Er ist Folge von Unterscheidungsunfähigkeit. Das

Indonesische kennt, sagt man, sieben Wörter für »Reis«; die Deutschen haben nur ein Wort für alles, was ihnen nicht passt: *Hass*. In der Literatur oder Kunst wird er so gerade noch – als »Provokation« oder »Satire« – geduldet. Aber sobald der Wald der als harmlos tolerierten Zeichen durchschritten ist und man sich im realen Leben wiederfindet, ist der Spaß schnell vorbei. Kulturredakteure wie Studenten, Sozialwissenschaftler wie hauptberufliche Mikroblogger sind sich einig: Der Hass ist eine Bedrohung »für uns alle«. Er zerstöre den sozialen Frieden, spalte die Gesellschaft, zersetze die Nation und dergleichen mehr. Der Verfasser nun denkt, so übel kann dieser Hass nicht sein, verglichen mit den Übeln jenes »Wirs«, das sich da als höchste Instanz der Sittlichkeit ins Recht setzen will. Was ist schon der Hass gegen die Gesellschaft im Vergleich zur Gesellschaft, die den Hass hervorbringt? Was ist das Beleidigen eines Springer-Redakteurs gegen die Beleidigung, die Springer für die Menschheit bedeutet?

Für jeden Menschen, der die Sache einmal vorurteilsfrei und mit einiger Distanz betrachtet, ist ersichtlich, dass in den Kampagnen, die in den letzten Jahren vor allem im Internet »gegen den Hass« geführt wurden, psychologische Begriffe für Phänomene benutzt werden, die kein Problem einzelner Seelen sind, sondern auf der Ebene von gesellschaftlichen Beziehungen und Konflikten stattfinden und durch diese Gesellschaft ins Werk gesetzt sind. Politische Kämpfe werden auf Personen und deren Gefühle heruntergebracht. Ein durchaus verbreitetes und sicherlich von jedem Menschen schon mal empfundenes Gefühl – der Hass – wird nur als *Äußerungsform von Seelischem* verdammt. Die materiellen Ursachen werden in den Hintergrund abgedrängt.

So kann ein Peter Sloterdijk etwa schon das bloße *Klassenbewusstsein* von Arbeitern als »Hass« gegen Eliten ausgeben. Er drückt das aus, wie sich ein liberaler deutscher Philosophieprofessor auszudrücken pflegt: »Es mag nicht überflüssig sein zu betonen, dass das oligokratische Substrat der Demokratien so gut wie nichts mit dem karikaturalen Typus des Oligarchen zu tun hat, der seit wenigen Jahrzehnten – als opportune Charaktermaske des reichen Manns – zu einer Adresse links- und rechtspopulistischer, antielitistischer Hass-Erklärungen deklariert wurde.«[1]

Diese Aversion gegen Hass, also gegen alles, was sich drastischer gegen den real erlebbaren Horror der Welt aufzulehnen pflegt, ist selbst eine aus Affekt, ein Ressentiment, und daher nicht mehr im Stande, Phänomene voneinander abzugrenzen. Sie unterscheidet nicht zwischen Hass (also innerlichen, seelischen Zuständen und Gefühlen) und Ideologie (also politischem Denken und Handeln). Zum Beispiel sprechen gewiss gutwillige, aber leider hoffnungslos verblödete Kritiker des Antisemitismus von »*Hass*« gegen Juden, wo sie die Ideologie des Antisemitismus meinen.

Wie Ideologie nie bloß *Gefühl*, ist auch der Antisemitismus nicht lediglich individueller, seelisch begründeter *Hass* gegen einzelne jüdische Menschen, wie von allen möglichen Anarchisten bis hin zur CDU-Bundestagsfraktion und dem Bundespräsidenten immer wieder kolportiert wird – das mag er zusätzlich noch sein –, sondern eine die gesamte Menschheit seit Jahrhunderten überziehende, politisch herbeigeführte Ideologie. Ideologie aber ist nichts, was sich durch Verweis auf Gefühle abstellen lässt. Der Antisemitismus ist ein nach bestimmten sozialen Mechanismen funktionierendes, kollektives Gesinnungsgebäude und bedauernswerterweise eine auf langer Tradition fußende, relativ fest etablierte Einrichtung bürgerlicher Gesellschaften, die in der momentanen Phase der kapitalistischen Entwicklung ihre Dienste im Sinne der Konkurrenzgesellschaft und ihrer Moralen leistet. Daher ist es grotesk, wenn bürgerliche, liberale Politiker, Unternehmer oder sonstige Verteidiger dieser Gesellschaft plötzlich vor ihm warnen: Nachts die Scheiben einschlagen und am nächsten Morgen als Glaser tätig werden wollen. Es ist die bürgerliche

Ökonomie selbst, die des Antisemitismus oder wesensverwandter Gebilde bedarf, um reibungslos zu funktionieren. Sie bieten in Konkurrenzsystemen die Möglichkeit, die Verlierer und Ohnmächtigen bequem gegeneinander aufzuhetzen, ohne die Regeln dieses Systems irgend zu sprengen.

Sozialdemokraten aller Couleur glauben seit geraumer Zeit, man könne, indem man diese Notwendigkeiten leugnet und bei der Bourgeoisie lieb Kind macht, also etwa Ideologiekritik und andere Formen des Reformismus betreibt, eine bürgerliche Gesellschaft herbeizaubern, die ohne Notwendigkeiten auskommt. Aber der Kapitalismus bedarf der bürgerlichen Gesellschaft und ihrer Einrichtungen wie die Luft zum Atmen. Kommunisten schlagen deshalb seit fast ebenso langer Zeit vor, dass es nötig ist, den Kapitalismus als gesamten revolutionär aufzuheben.

Bei Ideologien wie dem Antisemitismus mag immer auch Hass mit im Spiel sein, aber sie gehen nicht in ihm auf, er ist nicht Sinn und Gehalt der Sache, sondern nur eine Gestalt unter vielen, Symptom. Er existiert als abstraktes Gefühl in allen Individuen und wird allenfalls aktiviert und mobilisiert, indem ihm eine äußere Form wie die des Welterklärungsmodells und der Herrschaftsrechtfertigungs-Apparatur Antisemitismus gegeben wird.

Wenn eine wirkmächtige, leider alle möglichen Staaten, Szenen und Systeme stabilisierende *Ideologie* wie die des Antisemitismus eingereiht wird in »den Hass«, also in eine Reihe verschiedenster persönlicher Abneigungen und Empfindungen, ist das nicht nur eine Verharmlosung dieser Ideologie, sondern zeigt auch, wie wenig die Warner und Mahner vom Antisemitismus wie auch vom Hass wirklich begriffen haben. Dieses Warnen bleibt vorbegrifflich, es ist ihnen nur ein abstrakter Zeigefinger, den sie in akuten Situationen – wenn es mal wieder kalt ums Herz, öde im Hirn oder schwer im Gemüt wird und mangels sachlicher Zuständigkeit ein erhöhtes öffentliches Empörungsbedürfnis aufkommt – gegenüber allen erheben können, die nicht der eigenen Mediensippe, dem jeweiligen Moralkollektiv angehören. Solche Praxis ist Selbstverständlichkeit bei einerseits Vertretern des Linksliberalismus (z. B. Sascha Lobo, Carolin Emcke sowie Blogs und Zeitungen wie *Ruhrbarone* und *taz*) und ihrem radikaleren Anhang von Jutta Ditfurth über die autonome Szene bis zur *Jungle World* sowie andererseits bei Rechtsliberalen nebst radikalem Nachwuchs von Ulf Poschardt und Julian Reichelt über Roland Tichy und Hamed Abdel-Samad bis zur *»Achse des Guten«* usw.

Für eine durch spezifische – nämlich bürgerliche – gesellschaftliche Verhältnisse hervorgerufene Ideologie werden einzelne Personen und ihr Gefühlshaushalt verantwortlich gemacht. Die eine Ideologie (etwa Sozialkritik oder Ideologiekritik) kämpft hier gegen die andere (*Hass*, Antisemitismus) und bedient sich dabei genau jenes Musters, das Ideologie*kritiker* sonst bei zu Gegnern erkorenen Leuten als Personifizierung, ideologische Verblendung, Ressentiment, strukturellen Antisemitismus usw. zu brandmarken nicht müde werden. Selbiges gilt natürlich auch für die liberale – also halbgare, inkonsequente – Abwehr des *Rassismus,* der ebenfalls nicht einfach *Hass* ist; seine Unterbestimmung als *Hass* ist vielmehr selber schon Teil der Gegenaufklärung. Die entleerende, abstrahierende Pseudobestimmung des Rassismus als Hass, das Subsumieren des Rassismus und all seiner Inhalte, Funktionen und Formen unters hohle Sujet *Hass* ist selbst Element der herrschenden Begriffsfeindlichkeit und Konfusion.

Das Symptom Hass

Das Gefühl mag als Befeuerung oder Motivation für das Handeln dienen, aber es ist nicht dessen Inhalt. Dieser ist immer gesellschaftlich. Denn nicht Gefühle erzeugen Ideologien, Niedertracht, Verbrechen usw., sondern Ideologien und gesellschaftliche Einrichtungen wie Parteien und Verbände *bedienen* sich der Gefühle und organisieren die Niedertracht. Es sind gesellschaftliche Gebilde wie Antisemitismus, Gegenaufklärung und Faschismus, die *zuerst, vor* dem individuellen Gefühl, vorhanden sind. Der im Individuum schon lauernde Affekt, sein noch unformatierter, schlecht ausgeglichener Gefühlshaushalt (z.B.: »Hass«) sucht sich dann im Nachhinein eines dieser Angebote heraus, um seine Gefühlszustände, nun ideologisch formatiert, zu rechtfertigen (z.B.: Antisemitismus).

Nicht nur ist Hass nicht *ursprünglich* für Antisemitismus und Rassismus, auch die anderen, zu Gefühlen oder Affekten verharmlosten ideologischen und sonstigen gedanklichen Gesetzmäßigkeiten der bürgerlichen Welt sind nicht auf bloßen Hass *reduzierbar.* Die rational eingerichteten und ausgerichteten, d.h. systematisch Funktionen erfüllenden Ideologien des Liberalismus werden umgemodelt zu spontanen, subjektiven Gefühlsausbrüchen einzelner Personen, die doch lediglich ihre zwangsläufigen Träger sind. Antisemitismus und andere mörderische und faschistische Ideologien werden auch von linken Anhängern des Liberalismus und seiner ideologischen Apparate (Universität, Autonome Zentren, Kritische Theorie, emanzipatorische Lesekreise, linke Wochenzeitung etc.) als »persönliche Beleidigungen«, »gruppenbezogene Menschenfeindlichkeit«, »Mobbing«, »toxisch« oder eben »Hass« verharmlost und wiederum wirkliche Harmlosigkeiten wie Kritik und Polemik im Netz zu ebensolchem Hass verteufelt. So ist am Ende ein Hass-Eintopf aufgesetzt, in dem alles köchelt, wovon dieses kritische Bewusstsein nichts versteht. Das ist das Elend an den (links)liberalen Gutwilligkeitsbekundungen: Sie entstellen Begriffe und befördern so die Gegenaufklärung, während sie vorgeben, aufzuklären und die Gegenaufklärung zu bekämpfen.

Auch die kalkulierte ideologische Feindseligkeit deutscher Kleinbürger wie *Pegida* oder AfD gegenüber Migranten kann nicht einfach kompakt mit dem Scheinargument

»Hass!« abfangen, wer noch bei Trost ist. Hass ist ein psychischer Vorgang, dem jeder überhaupt fühlende und logischerweise auch *empathische* Mensch hin und wieder ausgesetzt ist. Völkische Demonstrationen, gewalttätige Neonazi-Hools oder die AfD-Forderungen, Einwanderer an der Grenze zu erschießen, sind kein bloßer, auf individueller Gefühlsebene sich abspielender »Hass«, sondern gesellschaftliche Großprojekte zur Verfolgung, Entrechtung, Vertreibung und Ermordung von Menschen. Ideologie, die sich der niedersten menschlichen Affekte bedient und diese mobilisiert, um politische und materielle Interessen partikularer Gruppen (Unternehmensverbände, AfD, rechte Zeitungen und Verlage etc.) zu verfolgen, ist als faschistisch zu bezeichnen – und nicht einfach als »Hass-Kampagne«. Denn wo Emotionen wie Hass geschürt und benutzt werden können, muss zunächst ein gesellschaftlicher Boden vorhanden sein, der diese Emotionen beständig hervorbringt – es ist nicht Gott, der uns zur Buße unserer Sünden mit Hassgefühlen überschwemmt – oder zumindest Menschen, die dazu neigen, sich solchen von der Emotionalisierungs-Industrie angekurbelten Gefühlswallungen zu unterwerfen. Sowas geschähe nicht, wenn alles in Ordnung und der Hass als bloß unappetitliche Nebenerscheinung innerhalb des Rahmens dieser Gesellschaftsform abzustellen wäre. Es ist in dieser aber nichts in Ordnung. Es herrscht vielmehr Unordnung, und diese Unordnung, die *Anarchie der Warenproduktion der bürgerlichen Gesellschaft,* bildet die Grundlage für die faschistischen Kampagnen. Deren linke Bekämpfung z. B. mit Mitteln des Pöbelns im Netz – gegen Rechte und deren publizistische Verbündete – wiederum ebenfalls unter der Zauberformel »Hass« abzuheften, ist schon mal einer der Hilfsdienste, den die liberalen Diskursbegutachter den Rechten leisten. Auch das Geschwätz vom »Populismus« hat diese Funktion: Egal, ob rechte oder linke Kampagne, wer von der Masse gehört werden will, gilt als Populist und damit automatisch als halber Nazi.

Die Kategorie des »Autoritären«, womit jede an die Macht strebende politische Bewegung, ganz gleich ob links oder rechts, beschrieben wird, bläst ins selbe Horn. Bei solch adornitisch-liberalem Gefasel werden die Produkte äußerer Zwänge zu Charaktereigenschaften einer Person umgemodelt (»Mystifizierung«, »Fetischismus« und »Charaktermasken« nannte das der Marxismus einmal korrekt). Die Zwänge gesellschaftlicher Produktionsverhältnisse und der von ihr erzeugten Beziehungen zwischen Menschen werden zu einem Problem des Individuums zurechtgeschustert, dessen Lösung die Abkehr vom Hass sein soll. Das Politische wird suspendiert und stattdessen an die Moral der Privatperson appelliert. Der Einzelne soll's richten: Das Gefasel von Hass und autoritärem Charakter ist die Konsumkritik der ideologiekritischen Kerle.

Ich würde den Antiautoritarismus-Kitsch hier nicht anführen, wäre ich nicht sicher, dass dieser, zu einer Lebenseinstellung aus anarchistischer Denkverwirrung aus dem 68er Erbe und politischer Romantik im Interesse der ohnehin an der Macht befindlichen liberalen Oberklasse konglomeriert, inzwischen die Blaupause abgibt für nahezu jede moralische Delegitimierung und politische Befriedung proletarischer Aufstände und Paralysierung kommunistischer Bestrebungen – und auch des Netzhasses.

Denn wie das autoritäre Gebaren ist auch der Hass eines Einzelnen keine vom Himmel gefallene zufällige Bosheit, sondern drückt immer ein gesellschaftliches Verhältnis aus, das schon vor der Geburt jedes Einzelnen existierte und an dessen Herstellung und Verteidigung die heutigen Antihassprediger aus Politik und Medien ihren Anteil haben.

Die Quelle des Hasses aber sei, so wollen die Linksliberalen ihrem Publikum weismachen, ein pöbelndes Würstchen vor dem Computer und nicht etwa die kapitalistische Klassengesellschaft, von der jene bequem in ihr eingerichteten *digital entrepreneurs* wie Sascha Lobo feinstens profitieren und nicht im Traum daran denken, sich an ihre Abschaffung zu machen. Stattdessen verhöhnen sie deren Geschädigte und unterstützen Parteien wie die SPD, die das Elend, das solchen »Hass« hervorbringt, nachweislich (Hartz IV) nur noch steigern.

Hass-Bedürfnisse: Über das Vergnügen, Sascha Lobo zu hassen

Besorgte Medienbubble-Bürger wie Sascha Lobo und sonstige sich rund um die Uhr als Verfassungsschutzaushilfe empfehlende linksliberale Zivilgesellschafts-Abgesandte sprechen in TV-Gesprächsrunden[2] viel von »Stimmungen« statt von Begriffen und ökonomischen Verhältnissen oder von einem *gesellschaftlichen Klima,* das für Hass bzw. gar rechte Attentate – falls sie da überhaupt noch differenzieren – verantwortlich sei oder das vom Hass oder durch »toxische« Elemente »vergiftet« werde. Ein nicht näher erforschtes Gefühlsleben einzelner Gesellschaftsglieder wird, einmal mit dem Etikett Hass versehen, mit solchem Gequassel als konkrete, durchdachte politische Praxis dargestellt, die den perfiden Plan hätte, Gesellschaft, Staat, Volk, Abendland oder zumindest deren angeblich gute Stimmung zu ruinieren (»toxisch«) und für handfeste Verbrechen verantwortlich gemacht. Die Hasskritiker verwechseln die (Klassen-)Kampffelder des öffentlichen Lebens mit trauten Biergarten-Runden unter Gleichgesinnten und messen daher alles bloß an Kriterien einer als bewahrenswerte Kollektiv-Gefühligkeit verstandenen Laune (Stimmung, Klima), deren Gereiztheit doch lediglich die notwendige Widersprüchlichkeit der liberalen Klassengesellschaft abbildet.

Trolle und Hater dienen denjenigen, die in Talkshows, wo für gewöhnlich fünf Millionäre darüber reden, was mit den Armen und Asozialen anzustellen sei, als Popanz, in dem sie die Ursache für ihre Verstimmtheiten ausmachen können. Die schöne Gesellschaft werde verseucht mit Hass; Nestbeschmutzer und Sündenböcke sind da schnell ausfindig gemacht. In Wahrheit handelt es sich bei den Hass-Affekten erst mal um bloße abstrakte Innerlichkeiten, Gefühlswallungen, die dann *politisch ausgeschlachtet* werden. Doch die liberalen Anti-Hass-Engagierten tun so, als müsse man nur jene *Gefühle* stoppen, um diese *Politik* zu bekämpfen. Umgekehrt wär's richtig. Denn hier liegt mitnichten ein instrumentelles Verhältnis der Menschen zu ihren Hassgefühlen vor: Sie gehen schlicht den spontan in ihnen aufkommenden Hass-Bedürfnissen nach. Der daraus resultierende Hass und die davon wiederum unabhängige Politik werden aber fälschlicherweise als *ein- und dieselbe* Sache verstanden. Es ist schon so, dass sich im Autoanzünden bei Autonomen zwar ein Spieltrieb äußert, aber es äußert sich dabei *gleichzeitig* auch der Zugehörigkeitswille zu einer bestimmten politischen Szene, zu deren spezifischem *Stil* des Hassens es wiederum dringend gehört, Autos anzuzünden. Rechte z.B. zünden derweil lieber Asylheime, also Menschen an statt Autos. *Reiche* Rechte, Bourgeoise wiederum zünden in der Regel gar nichts an, sondern schreiben Leitartikel darüber, dass und wie Asylgesetze verschärft werden müssten, zündeln also am Schreibtisch mit. Das erscheint dann nicht mehr so sehr als *Hass*, weil dieser hier sublimiert wurde.

Wenn durchaus beides in eines geht, ist Hass erst mal *keine* an sich politische Kraft, sondern immer zunächst inneres Gefühl. Was die Hassbekämpfer als Hass deklarieren, ist in Wahrheit Politisches, sind Fragmente von gesellschaftlich produzierten Kämpfen.

Gleichzeitig findet auf diese Weise eine Überhöhung des Hasses zur »Haltung« statt, was auch bloß die andere Seite der Medaille ist: Hass wird nicht mehr entweder als a) Emotion oder b) als gesellschaftlicher Zusammenhang, als ein Verhältnis zwischen Menschen begriffen, sondern als Essenz, die ein Individuum (den *Hater*) ausmache. Es sind aber nur diese beiden Hass-Begriffe, die überhaupt den Kern der Sache treffen:

a) reiner Affekt, Emotion, die sich – ob gewollt oder nicht – im Seelenleben des Einzelnen abspielt;

b) ein Verhältnis zwischen Menschen, also Produkt von gesellschaftlichen Zusammenhängen und die (kalkulierte) *Reaktion* des Einzelnen darauf.

Was jedoch heute mit *Hass* gemeint ist, bezeichnet etwas anderes, nämlich:

c) einen politischen Akt, einen Eingriff in irgendwelche Normen oder Sitten, der als unmoralisch oder unfair gilt (obwohl er zum Gutteil vom Gesetz gedeckt ist, oder es zumindest war, bis die Anti-Hass-Kampagnenführer sich bis ins Justizministerium genörgelt hatten), was eine Verzerrung und Vereinfachung, ja Verfälschung der gesellschaftlichen Zustände bedeutet, welche diesen Hass erst hervorbringen. Stattdessen wäre von Belang, *warum* das so ist, statt, noch bevor diese Frage geklärt ist, schon wieder die Schuldigen, nämlich die als *Hassende* Zurechtgebogenen auszumachen und sie allein für die Misere zur Verantwortung zu ziehen. Das jedenfalls wäre ein zivilisierter, gebildeter Umgang mit den Hass-Phänomenen, welchen die Nichthassenden von ihren Gegnern ständig einfordern.

Inwieweit für den Marxismus, dem der Verfasser qua Hirnbesitz verpflichtet ist, noch selten etwas an *Hass und Hetze* auszusetzen war, gehörte einer gesonderten Erörterung an. Doch das Aufhetzen möglichst großer Teile der Bevölkerung gegen den Kapitalismus wurde stets als hilfreiche Praxis im Sinne des Klassenkampfs erachtet. Nun müssen die Leute nicht einmal zusätzlich gehetzt werden, sie sind ohnehin schon durch die Verhältnisse gehetzt. Das Gehetztsein ist in ihnen, die Kommunisten versuchen lediglich, dieses ans Licht zu bringen und in die richtige Richtung zu lenken. So kann das Aufhetzen und der Hass von Massen große gesellschaftliche Fortschritte zum Ergebnis haben, wie etwa 1789 in Frankreich oder 1917 in

Russland. Die Proleten, findet der Marxismus, haben schon kaum Geld, keine Produktionsmittel, keine würdige Existenz, keine Lebensperspektiven, keine anständigen Wohn-, Arbeits- und Bildungsverhältnisse. Die Mahner gegen Hass und Hetze wollen ihnen nun auch noch das nehmen, was sie in ihrer spärlichen Freizeit als Einziges neben ihren Ketten noch zu verlieren haben: das Pöbeln im Internet, den Hass.

2. Einführung in den Hass

Wer darf was? Klassiker des Hasses

Beginnen wir, wie immer, wenn man zur Vernunft kommt, mit Goethe.

Nachdem dieser 1774 seinen ersten Roman »Die Leiden des jungen Werthers« veröffentlichte, kam es unter den jungen Lesern des Buches zu einer Welle von Suiziden, die auf dessen Lektüre zurückgeführt wurde und »Werther-Fieber« getauft wurde; heute noch wird vom »Werther-Effekt« gesprochen, wenn Kunstwerke unerwartete Auswirkungen auf Leib und Leben ihrer Rezipienten haben. In Leipzig und anderen deutschen Städten wurde der Verkauf des Buchs für Jahrzehnte verboten, weil es »eine Empfehlung des Selbst Mordes« (Stadtrat in Leipzig) sei.

Der alte Goethe äußerte sich dazu einige Jahrzehnte später: »Und nun wollt Ihr einen Schriftsteller zur Rechenschaft ziehen und ein Werk verdammen, das, durch einige beschränkte Geister falsch aufgefaßt, die Welt höchstens von einem Dutzend Dummköpfe und Taugenichtse befreit hat, die gar nichts besonderes konnten, als den schwachen Rest ihres bißchen Lichtes vollends auszublasen! Ich dachte, ich hätte der Menschheit einen wirklichen Dienst geleistet und ihren Dank verdient, und nun kommt Ihr und wollt mir diese gute kleine Waffentat zum Verbrechen machen, während Ihr anderen, Ihr Priester und Fürsten, Euch so Großes und Starkes erlaubt!«[3]

Der Verfasser will in den folgenden Kapiteln zeigen, dass sich in den letzten 200 Jahren in Deutschland nicht viel geändert hat – außer dem Umstand, dass die heutigen Verbots- und Zensur-Instanzen nicht mehr bloß staatliche sind, sondern Vertreter der sogenannten liberalen Zivilgesellschaft wie Jan Böhmermann sowie jene Ausgeburten der professionellen Unbildung namens Intellektuelle, diese Aufgaben ehrenamtlich übernehmen. Und das bei vergleichsweise harmlosen Handlungen: Zig Suizidopfer durch ein Buch von Goethe – das hat der Netzhass in zwei Jahrzehnten härtester Troll-Anstrengungen noch nicht zustande gebracht. Weswegen diesem höchstens der Vorwurf gemacht werden kann, noch zu harmlos zu sein, um tatsächlich in die Weihen der exklusiven Salons großen künstlerischen Hasses der Weltgeschichte erhoben zu werden.

Goethe jedenfalls hätte man, würde er heute twittern, auf den Blocklisten jener Liberalen vorgefunden. Sein Account wäre wohl gelöscht worden: zu deutschenfeindlich – »Ich verwünsche alles, was diesem Publikum irgend an mir gefällt. Ja, wenn ich es noch irgend dahin bringen könnte, dass ich ein Werk verfasste, dass die Deutschen mich noch 50 oder 100 Jahre hintereinander recht gründlich verwünschten und aller Orten und Enden mir nichts als Übles nachsagten – das sollte mich außer Maßen ergötzen.« (Goethe, Juni 1818); zu terroristisch – pro Revolution, also gegen die freiheitlich-demokratische Grundordnung; außerdem Kumpel von Napoleon (autoritärer Hater).

Das schon zeigt, wie heute von Vertretern der ideologischen Endstufe des Liberalismus (»Hassbekämpfung«) zweierlei Maß angelegt wird.

Auch die Beleidigungen des *Hassverbrechers* Karl Kraus, der als literarischer Solitär richtiggehende publizistische Feldzüge gegen einzelne Personen wie Alfred Kerr veranstaltete, scheinen seinem Ruhm und der Beliebtheit seiner Hasstiraden keinen Abbruch getan zu haben. Kraus' Abwicklung des Kerr endet mit den drohenden Worten:

»Wir arbeiten prompt, stramm und fix, und wir verzweifeln nicht. Ein Beginn. So viel Senge und so viel Dresche konnte ein Friedmensch den Nationen gar nicht wünschen, als er sich zuziehen wird, wenn ihn ›wieder mal‹ der Drang anwandeln sollte, sich etwas ›vorzunehmen‹, dem er nicht gewachsen ist: mich!«[4]

Auch ansonsten war Kraus nicht gerade zimperlich, insbesondere gegenüber der »Journaille«:

»Der Journalismus in Wien bringt's über den Geschichtenträger und Gebärdenspäher nicht hinaus. [...] Nun ist es das Verhängnis allen Geistes aus zweiter Hand, dass sein Unwert dort leichter in die Augen springt, wo er sich der schwereren Leistung vermessen möchte. Der Plauderer ist gewiß eine der schalsten Kreaturen, die in unserem geistigen Klima fortkommen.« Oder auch: »Journalisten schreiben, weil sie nichts zu sagen haben, und haben etwas zu sagen, weil sie schreiben.«[5]

Kraus wird heute von Bestseller-Autoren wie Daniel Kehlmann und Jonathan Franzen gelobt. Zitate aus seinem Werk sind fester Bestandteil des feuilletonistischen Betriebs, also jener Journalisten, deren hasserfüllter Bekämpfung er sein Leben widmete. Man liebt seinen Hass. Aber man hasst den Hass der heute Hassenden. Das freilich ist nur vordergründig ein Missverhältnis; denn es hat schon Methode. Es ist konsequent: Die Selbstverständlichkeit, mit der doppelte Maßstäbe heute verteidigt und vor allem als sinnvoll rationalisiert werden, zeigt, dass irgendeine systematische, materielle Notwendigkeit darin bestehen muss, nun gegenüber den Hatern im Netz die völlig entgegensetzte Reaktion zu den Hatern in der Kunst an den Tag zu legen.

Eine Erklärung wäre: Der Hass der Verblichenen, der Alten und Toten gilt heute für harmlos. Er kann im Ernst als Kunst durchgehen, wenn er auch keine ist. Er wurde harmlos *gemacht*, weil nach dem Tode eines Künstlers für gewöhnlich auch sein Werk nach und nach abgetötet wird (man nennt das »Philologie«). Aber – und das ist doch wirklich das Bemerkenswerte zumindest für Menschen, die an einer revolutionären Beseitigung des liberalen Status Quo interessiert sind – der Hass der heute Lebenden scheint wiederum für gar nicht so harmlos genommen zu werden, sonst würde er nicht in dieser Breite bekämpft. Man sollte sich das merken.

Kraus wird heute selbst von den bravsten journalistischen Vertretern des Liberalismus als ein »scharfer Kritiker der vorherrschenden Presse und des Hetzjournalismus seiner Zeit« (Wikipedia) verehrt. Bemerkenswert ist das, weil zur damaligen Zeit Kraus derjenige war, dem man Hetzjournalismus vorwarf, während die damals tatsächlich hetzenden Journalisten als die gewöhnliche Presse galten. Die Ähnlichkeiten zu heute sind so klar, dass ich hier nicht näher auf den Springer-Konzern und das Verhältnis zu seinen Kritikern (»Twitter-Trolle«) eingehen muss.

Ein Fall wie der des damaligen französischen Präsidentschaftskandidaten Jean-Luc Mélenchon wiederum zeigt, dass der Hassverbrecher nicht schon tot sein muss, um legitim hassen und beleidigen zu dürfen. Er braucht nur mächtig genug zu sein. Man sieht, es geht nicht darum, *was* gesagt wird, sondern *wer* etwas sagt. Mélenchon veröffentlichte am 7. Dezember 2014 auf Twitter die Sätze: »Maul zu, Merkel. Frankreich ist frei.« Freilich wurde er dafür weder gesperrt noch gerügt.

Es geht aber noch weiter: Nicht bloß, dass gut gelittene Autoritäten und Mitglieder des Betriebs für ihren Hass nicht gescholten werden, sie werden gar explizit gelobt. Der Schriftsteller Rainald Goetz etwa erlangte in den letzten Jahrzehnten eine beachtliche Popularität gerade *wegen* seiner Hasstiraden, die allesamt in hohen Auflagen bei Suhrkamp veröffentlicht wurden. Da liest man z. B. in seinem Buch »Klage«: »Frau von der Leyen zeigt eine kleinmädchenhafte helle, fröhlich vorgebeugte Überaufmerksamkeit und Wachheit. Da würde man gern in großem Schwall hineinkotzen, in dieses Gesicht.«[6] Oder: »Ursula Krechel: Ebenfalls behindert. Wer das Wort Szene nicht korrekt aussprechen kann [...], hat auch als noch so sensible verhungerte Germanistenf**** kein Recht zum Theaterstückeschreiben.«[7]

Im Oktober 2018 nun verlieh Bundespräsident Steinmeier das Bundesverdienstkreuz 1. Klasse an Goetz, der einige Jahre zuvor schon mit dem Büchnerpreis ausgezeichnet worden war mit den Worten: »Jede Gesellschaft braucht wache, unbestechliche Beobachter des Zeitgeschehens. Rainald Goetz ist mit seiner virtuosen Sprachkraft einer der wichtigsten Chronisten unserer Zeit.«[8]

Es ist an diesen Worten insofern etwas sehr Wahres, als »jede« (lies: die deutsche) Gesellschaft solche Leute wirklich »braucht«, um so sein zu können, wie sie sich darstellt und in Teilen gern wäre: kultiviert, tolerant, bunt, vielfältig, aber auch kritisch und selbstkritisch. Die anerkannten Hass-Literaten haben für die Gesellschaft jene nützliche Funktion, die Karl Marx in den Verbrechern ausmachte:

»Der Verbrecher produziert nicht nur Verbrechen, sondern auch das Kriminalrecht und damit auch den Professor, der Vorlesungen über das Kriminalrecht hält, und zudem das unvermeidliche Kompendium, worin dieser selbe Professor seine Vorträge als ›Ware‹ auf den allgemeinen Markt wirft. Damit tritt Vermehrung des Nationalreichtums ein. [...] Der Verbrecher unterbricht die Monotonie und Alltagssicherheit des bürgerlichen Lebens. Er bewahrt es damit vor Stagnation und ruft jene unruhige Spannung und Beweglichkeit hervor, ohne die selbst der Stachel der Konkurrenz abstumpfen würde. Er gibt so den produktiven Kräften einen Sporn. [...] Bis ins Detail können die Einwirkungen des Verbrechers auf die Entwicklung der Produktivkraft nachgewiesen werden. Wären Schlösser je zu ihrer jetzigen Vollkommenheit gediehn, wenn es keine Diebe gäbe? Wäre die Fabrikation von Banknoten zu ihrer gegenwärtigen Vollendung gediehn, gäbe es keine Falschmünzer?«[9]

Das muss aber auch heißen, dass es zwar *einige* solcher Leute *benötigt*, aber bitte bloß nicht *zu viele*. Es darf jetzt nicht einfach jeder legitim Leute beleidigen, diese Positionen sind abgezählt. Wie da nun selektieren? Selbstverständlich wird zugesehen, dass es sich bei Leuten, die solche

Positionen beziehen, nicht um allzu clevere Zeitgenossen handelt, die etwa in breiter Öffentlichkeit plötzlich Revolutionäres von sich gäben. Revolution bleibt natürlich auch weiterhin verboten. Man muss schon, wie die Toten und die Klassiker, von oberster staatlicher Stelle abgesegnet, also ungefährlich gemacht worden sein, um pöbeln und beleidigen, trollen zu dürfen. Pöbeln als Privileg. Denn freilich sind auch die Hater und Trolle »Chronisten unserer Zeit«, nur dass sie Unangenehmeres über diese Zeit zu sagen haben als jene, die sich als Vertreter dieser Zeit ausgeben. Auf die Politik übertragen heißt das: Mit der RAF wird der bürgerliche Staat irgendwie fertig. Bei Ulbricht hört für ihn der Spaß auf.

Ein weiterer Fall ist der des ehrenwerten Klassikers des bolschewistischen Lehrgedichts (»Hass-Posting«): Bertolt Brecht. Wer Sätze wie seine heute irgendwo ins Internet schrieb, bekäme wohl mindestens Besuch von Renate Künast. »Erlauben Sie also, dass ich Ihnen mitteile, dass der Kampf zwischen Ihrer und meiner Generation [...] nicht ein Kampf um Meinungen, sondern ein Kampf um die Produktionsmittel sein wird. Es liegt in unserer Natur, dass Sie vornehm, ich unvornehm kämpfe. Sie werden mich doch nicht umbringen wollen! Aber ich Sie.«[10]

Brecht weiß, wovon er spricht, denn: »Unsere Gegner sind die Gegner der Menschheit. Sie haben nicht ›recht‹ von ihrem Standpunkt aus: das Unrecht besteht in *ihrem Standpunkt*. Sie müssen vielleicht so sein wie sie sind, aber sie müssen nicht *sein*.«[11]

Nun wurde meines Wissens im Deutschunterricht noch kein Goethe-Gedicht oder Goetz-Essay als Hasspöbelei eines verwirrten Haters abgetan oder vom Kultusministerium als ungeeignet für die Jugendbildung eingestuft, gar seine Lektüre verboten, weil man etwa die Politik Goethes als Staatsrat (z. B. sein wohl entscheidendes Votum für das Todesurteil über eine Kindsmörderin) ablehnt oder seine Äußerungen über die Leser seines Werthers bzw. den Werther selbst als Hass-Getrolle verurteilt. Auch ist bisher keine der Filialen des Goethe-Instituts geschlossen worden, um mit gutem Beispiel gegen Hass voranzugehen. Vielleicht kommt das noch; unwahrscheinlich ist es nicht. Die Zeitungen berichten bereits über Studenten, die den Garten des Goethe-Hauses verwüstet haben, um darauf aufmerksam zu machen, dass dieser Dichter des 19. Jahrhunderts leider nicht ihren heutigen moralischen Ansprüchen genügte.

Auch wäre es interessant, in Erfahrung zu bringen, wie es Leute wie Heiko Maas, Sascha Lobo, Carolin Emcke und andere Netzhass-Bekämpfer mit der Kunstfreiheit halten. Vom Arbeiterkampflied »Ah! Ça ira«, das das direkte, physische Köpfen von bürgerlichen Einzelpersonen propagiert, über die Gedichte und Essays des ehrenhaften kommunistischen Demokratie-Haters Peter Hacks, in denen etwa die Hinrichtung diverser bundesdeutscher Politiker und das Ersäufen von namentlich genannten Germanistik-Professoren[12] gewünscht wird, bis zu den von persönlichen Beleidigungen nur so triefenden Werken von Künstlern wie Thomas Bernhard, Klaus Kinski oder Christoph Schlingensief, gibt es eine kulturelle Tradition des als Kunst deklarierten Ausdrucks – und nicht bloß irgend »vergeistigte« Fruchtbarmachung oder »Verarbeitung« – von direktem Hass und gegen einzelne reale Personen gerichtete Mordgelüste und Todeswünsche, die von der bürgerlichen Öffentlichkeit nicht beanstandet werden, solange es sich bei ihren Urhebern um verlässliche Mitglieder des Kulturbetriebs handelt und nicht um Menschen aus der Unterschicht, des einfachen Volks, des Proletariats, denen eher nur möglich ist, ihren Hass in Form von Facebook-Postings oder Transparenten auf Demonstrationen zu äußern und nicht, ihn zur Kunst umzuetikettieren.

Mit den entsprechenden finanziellen und institutionellen Möglichkeiten ließen sich unzweifelhaft Studien darüber veranlassen, inwiefern für Menschen aus Familien mit höherem Einkommen weitaus größere Möglichkeit offenstehen, ihren Hass in Kunst, Essayistik, Dichtung, Wissenschaft etc. zu kleiden. Die zu erwartenden Ergebnisse würden angesichts der bundesdeutschen Klassengesellschaft kaum verwundern.

Es ist derweil schwer, überhaupt einen Künstler ausfindig zu machen, der nicht »seinen Hass in die Welt kübelte«.

François Villon war Dieb, Mitglied einer Gaunermafiabande und erstach einen Menschen. Dem Marquis de Sade wurden diverse Gewaltdelikte zur Last gelegt, er schrieb Gewaltpornographie, wurde zum Tode verurteilt und verbrachte den Großteil seines Lebens in Gefängnissen und Irrenanstalten. Georg Büchner, nach welchem der wichtigste deutsche Literaturpreis benannt ist, war zu Lebzeiten verfolgter Staatsfeind und Verfasser der Revolutionsschrift »Der Hessische Landbote«, also Aufwiegler (»Der Haß ist so gut erlaubt als die Liebe, und ich hege ihn im vollsten Maß gegen die, welche verachten.«[13]) Der Beatnik-Poet William S. Burroughs erschoss *versehentlich* seine Frau. Auch der Totschläger Caravaggio wird als großer Künstler respektiert. Bret Easton Ellis' Gewaltorgie »American Psycho« wird bis heute als Kultroman verehrt. Der *anonyme Hassposter* Søren Kierkegaard, der die meisten seiner Schriften unter Pseudonymen veröffentlichte, gilt – auch bei denen, deren Berufsstand er verachtete – als einer der wichtigsten Philosophen des vorletzten Jahrhunderts.[14]

Von einigen der großen Werke der Kunst und Literatur bliebe, zöge man den *Hass* einmal ab, nicht viel. Die ästhetischen Maßstäbe des heutigen Liberalismus zugrunde gelegt, zählten die großen Künstler der letzten Jahrhunderte als Armada von veritablen Verbrechern, die allesamt hinter Schloss und Riegel gehörten und deren Werke deshalb unbeachtet bleiben und verdammt werden müssten. Ob Kraus, Brecht, Hacks oder Arno Schmidt: So ziemlich alle Klassiker der Literatur waren Virtuosen der Beleidigung. Es wäre nicht übertrieben zu behaupten, sie sind sogar gerade deswegen Klassiker, weil sie beim Beleidigen recht großzügig vorgingen.

Was also tun mit all den Kindern, die ungeschützt Goethes »Hassmobbing«, also literarischer Klassik ausgesetzt sind und von Schullektüre in den Suizid getrieben werden könnten? Wo bleiben da die *safe spaces*? Bücher verbrennen und Bibliotheken zu Flauschzonen umgestalten, das müsste die konsequente Agenda der Anti-Hass-Empörungsfachwirte sein, mäße man sie an ihren eigenen irren Kriterien. Da ist die Hate-Trollerei, solange sie von – zurecht – verehrten Literaten der deutschen Hochklassik kommt, plötzlich ein zu verteidigendes Kulturgut, während die zeitgenössische bürgerliche wie linksliberale Hasskritik durchdreht und Gesetzesinitiativen ausruft, wenn Willi Wupske im Internet pöbelt und Linke davon träumen, Kapitalisten zu enteignen oder sich über Springer-Redakteure auf Twitter lustig machen. Wenn sie von Hass, Wut und Elend auf der Welt nichts mitbekommen wollen, sollen sie sich fernhalten von Social Media, oder am besten direkt vom gesamten Internet, und von Literatur, die ihren Namen verdient, von Horrorfilmen, Death Metal und überhaupt so ziemlich jedem Lebensbereich, in dem Menschen verkehren.

Ob Songs von Metal-Bands, Horrorfilme von Romero, Gedichte von Hacks oder französische Volkslieder aus der Zeit der bürgerlichen Revolution (»Ah! Ça ira«: »Ah, wir werden es schaffen / Die Adeligen werden wir aufknüpfen!«), Kunstwerke des erhabenen revolutionären Hasses: Werden Zeilen daraus heute unverändert auf Facebook gepostet, kann das strafrechtlich geahndet werden. Gelöscht werden sie, aus reiner Vorsorge, sowieso schon reihenweise. Der Kampf gegen Hasspostings, das »Netzwerk-Durchsetzungsgesetz«[15] und die sonstigen liberalen Scherze sind schlicht Maßnahmen im Sinne eines Verbreitungsverbots von revolutionären Gedanken – früher »Zensur« genannt –, das heißt Klassenkampf von oben. Das sollen vielleicht gerade mal jene angeblich ach so linken Spinner bedenken, die dann einen Tag, nachdem sie bei der Polizei Anzeige gegen Trolle erstattet haben, kein Problem damit haben,

Jan Böhmermanns Hassgedichte gegen ausländische Staatsoberhäupter vehement zu verteidigen, weil sie als völlig servile Hilfskräfte einer para-satirischen Mediendienstleister-Schmunzel-Bubble zum Behufe der Abschaffung verbindlicher Beurteilungskriterien noch den gammeligsten Humor-Abfall von Kunst- und Meinungsfreiheit gedeckt sehen, solange er dem Treiben der Leute entstammt, von denen gewiss ist, dass *ihr Hass* zur Stabilisierung der deutschen Klassenverhältnisse dient.

Diese Bubble ist bevölkert von Liberalen, die sich im engagierten staatsbürgerlichen Dienste edler Rechtschaffenheit sehen, deren kategorische Harmlosigkeit für die Klassengesellschaft allerdings zureichend attestiert ist.

Kunsthass vs. Netzhass: Menschen und Masken

Der Verfasser kann nicht umhin, festzustellen, dass der Begriff des Hasses unterm Diktat der bürgerlichen Produktionsverhältnisse aufgespalten wurde. Man kann jetzt von zwei Sorten ausgehen, die gemeint sein können, wenn von Hass die Rede ist: *a) abstrakter Hass* (der sich etwa in Kunst und Literatur ausdrückt) oder *b) angewandter Hass* (der sich im Internet ausdrückt).

Abstrakter Hass gilt als eine Art guter Hass: Er ist brav und (angeblich) nur »gespielt«, Frucht von Sublimierungsprozessen und hat eine gewisse Tradition (Satire, schwarzer Humor, Philosophie, Nihilismus) ausgebildet, die es schwer macht, ihn aus der Welt zu schaffen. Er wird akzeptiert, weil er sich etabliert hat, nicht weil er harmloser wäre als der andere.

Angewandter Hass ist nicht gut gelitten: Er gilt als böser Hass, als wirklich ernster und ernst gemeinter Hass. Er scheint neu, weil seine Formen nicht etabliert sind. Aus irgendeinem Grunde denkt der hasskritisch Engagierte, ausgerechnet dieser müsse unbedingt eingestellt werden, weil sonst der Untergang des Abendlandes drohe.

Natürlich ist diese Zweiteilung selber Element liberaler Ideologie, denn es gibt nicht hier einen profanen und dort einen elaborierten Hass, sondern nur *einen einzigen Hass,* und der drückt sich aus in Literatur und Kunst genauso wie im Alltag und eben auch im digitalen Alltag in den Sozialen Medien. Man hat es weiterhin zu tun mit ein- und derselben Sache, aber, als litte sie an Schizophrenie, tendiert die bürgerliche Gesellschaft dauernd dazu, falsche Differenzierungen vorzunehmen, zusammengehörige Dinge entzweizureißen, um Aufklärung und Klassenbewusstsein zu verhindern.

Die heutige Legendenbildung behauptet, das Internet sei kein bloßes *Medium* mehr, durch das *Nachrichten, Texte, Bilder* usw. wandern, sondern verkörpere eine *»Netzgemeinde«* (Lobo). Der Hype um den Netz-Community-Begriff war der Versuch, die realen Kämpfe, Streits, Antagonismen, Besitz-, und Klassenunterschiede im Netz einzuebnen und stattdessen das Märchen einer auf Gemeinsamkeiten beruhenden Kommune zu etablieren, vom Dorf, in dem jeder solidarisch und alle an derselben Sache interessiert seien. Umso größer ist dort dann die Unzufriedenheit mit Erscheinungen wie dem Hater, der daran erinnert, welchen Illusionen man sich da hingegeben hat.

Die Netzgemeinde wurde vorgestellt als ein Raum der Mitmenschlichkeit und des Gemeinsinns, in dem einzelne Seelen sich digital vernetzen und in all ihrer Herzenswärme miteinander zu einer Art großen Familie koppeln, nur weil irgendein Großkonzern von Social Network und Freundschaft schwafelt.

Die Sozialen Medien stellten die Behauptung auf, man hätte es bei ihnen mit realen Freundeskreisen zu tun, mit einer nahezu körperlich präsenten Ansammlung wirklicher Menschen, obwohl es sich bei ihnen lediglich um deren *Medium*, deren Mitttel, also ein Instrument handelt, mit welchem jene sich, nochmals vermittelt über Nachrichten, Texte, Bilder, austauschen. Es findet eine mehrfache *Vermittlung* zwischen Personen statt. Das hält aber selbst

Leute, die etwa Medienwissenschaften studiert haben, nicht davon ab, sich über »Hass gegen Personen« zu erregen. Oder wie der Digital-Bürgerrechtler Sascha Lobo seinen Idealismus in Worte fasst: »Ich war und bin wütend über das Versagen der Netzgemeinde.«[16]

Wie in den Vermittlungsweisen der Kunst oder Literatur aber treten auch im Internet keine wirklichen *Menschen* auf, sondern Masken, Avatare, Personaes; notwendigerweise Verniedlichungen oder Vergröberungen von realen Personen, Abbilder, Abklatsche, Teile ihrer selbst. Auch diese bestehen, wie das restliche Internet, aus Bildern und Texten. Die Menschen im Netz sind vielmehr Produkt und Element des *Vermittlungssystems*, als dass sie *sie selbst* wären. Es treten hier Text gegen Text, Bild gegen Bild an, nicht Mensch gegen Mensch, Körper gegen Körper, sondern Maske gegen Maske. Der wirkliche Leib und sein reales Ich, daran muss man die gegen Hass Anjammernden immer wieder erinnern, sind im Internet abgestreift. Eine der wenigen, die das im digitalen Entwicklungsland BRD verstanden haben, ist Hazel Brugger: »Ich wurde von einem Frauenfoto angeschrieben.«

Wer denkt, seine – zumal anonyme – Personen-Maske im Internet sei identisch mit seinem realen Leib und Ich, ist offiziell irre und sollte dringend medizinische Hilfe aufsuchen. Wo früher noch Kritik an der Sache geübt werden konnte, ist das heute, wo sich Menschen auch in ihren Entäußerungsmedien und entäußerten Produkten nur noch selbst, nur noch ihre reale Person – und nicht: objektivierte Produkte ihrer Tätigkeit und ihrer Vermittlungsweisen – sehen können, nicht mehr möglich. So ist es dann kein Wunder, dass sich jeder ständig »*persönlich* angegriffen« fühlt, wenn in Wahrheit ein Satz oder Gedanke angegriffen wurde. Es ändern aber solche Kultivierungsformen des Massenwahns von sich ständig angegriffen Fühlenden nichts an der Realität der kommunikativen Zeichen, die unseelisch bleiben.

Zweierlei Realität: Hassbekämpfung als Gegenaufklärung

Wer Sanktionen gegen Internetpöbelei fordert, müsste, wollte er konsequent und ohne doppelten Maßstab vorgehen, auch ein Verbot von Hass-Literatur, Horror-Filmen, Kunst-Happenings oder Theateraufführungen mit brutaler, »verletzender« Sprache usw. fordern. Damit dies nicht geschehen muss, hebt man – mit beachtlichem Aufwand – den künstlerischen, abstrakten Zeichen-Hass (a) in die Weihen der Kultiviertheit, während der angeblich kommunikative Zeichen-Hass (b), einmal zu Hassrede und kriminellem Akt gestempelt, ausgesondert werden soll.

Diese Trennung widerspiegelt nichts Anderes als das materielle Klasseninteresse der Bourgeoisie, die ihre Welt, will sie konsequent verfahren, sowieso immer in zwei trennen muss: Einerseits in die materielle Welt des realen Interesses und zweitens in eine des Diskurses, der Moral und des Gewissens – also des ideologischen Überbaus über das schnöde Materielle. Damit dieses Theater weiterhin reibungslos ablaufen kann, hat man, etwa an den Universitäten, zu diesem Behuf einige Spezialisten, die den Mythos weiterstricken. Da werden dann ganze Institute und Lehrstühle in Betrieb genommen, nur um anderen Akademikern mittels »Forschungsprojekten« einzureden, dass solche Trennungen, also doppelte Maßstäbe, schon ihre Richtigkeit hätten, wenn sie nur gegen den Hass von unten hülfen.

Betrachtet man einmal näher die unter dem Bann der falschen Zweiteilung des Hassbegriffs stehenden – also schizophrenen – Geisteswissenschaftler, die Philologen des künstlichen, literarischen, des angeblich unernsten und nur gespielten Hasses, wird gänzlich offenbar, was in der behirnten Welt eh schon klar war: je mehr (z.B. in Karl Heinz Bohrers Studie: »Mit Dolchen sprechen – Der literarische Hass-Effekt« von 2019) von Hass *die Rede* ist, desto weniger *erfährt* man über den Hass als Wirklichkeit. Je mehr Literaturforschungs-Gelaber, desto schwammiger wird der

Begriff, desto egaler und gleicher, unbestimmter wird alles, weil jedes Phänomen, das grob auf irgendeine Weise mit Hass assoziiert werden kann, unter diese Kategorie abgeheftet wird. Man geht so sehr in die Breite der literarischen Werke, dass man die *Sache selbst* nicht mehr fasst. Am Ende bleibt ein ungenaues Begriffs-Auflösungsprodukt übrig. Hass? Schön, dass wir mal darüber geredet haben. Jetzt kann die nächste Sau durchs Dorf gejagt werden.

Man plagt sich nicht unnötig mit Begriffen ab:

»Wir können Goyas Schreckensbilder betrachten oder Klytaimnestras Monolog lesen, der den Mord an Agamemnon schildert«, weiß Sarah Pines (in ihrer Bohrer-Rezension in der NZZ[17]) über künstlerischen Hass anzumerken. Und über literarischen Hass bekundet sie: »Wir können sogar Genuss empfinden, wenn wir Achilleus' Worte hören oder lesen, wie Othello sagt: ›So soll mein blut'ger Sinn in wüt'gem Gang/Nie umschau'n, noch zur sanften Liebe ebben,/Bis eine vollgenügend weite Rache/Ihn ganz verschlang.‹«

Der Hass wird als Mittel des Genusses gelobt, solang er konservierter, restaurierter Abklatsch von ehemals lebendigem Gefühl – also Kunst – ist. Wurde »die Scheiße« in der Kunst erst »seelenvoll« (Marx), wird das Seelenvolle jetzt wieder zur Scheiße.

Andere Zeitgenossen aber erfreuen sich in ebensolchem Maße an Beleidigungen gegen Politiker im Netz wie die Rezensentin an Shakespeares Hass. Wer mag es ihnen, wo man einmal im Genusspotential von Hass übereingekommen ist, noch verübeln? Es war ohnehin ein Trugschluss, solch große Unterschiede anzunehmen zwischen dem Hass eines Shakespeares und dem eines Netzpöblers. Es steht zu bezweifeln, ob der eine so nobel, der andere so niederträchtig ist. Denn wie an Shakespeares Dramen ist es auch an modernen künstlerischen Werken der Drastik und Brachialität, etwa beim Splatter-Horror, blutspritzenden Künstler-Happenings oder im Trash-TV gerade das direkte, ungeschnörkelte, kunstlose, barbarische, unästhetische, eben *häss*liche des Hasses, das anspricht. Passolinis *120 Tage von Sodom* oder Christoph Schlingensiefs filmische Anfälle gehören mit ihrer gewaltigen Direktheit durchaus zum Kanon.

Nein, diese Bourgeois wollen einfach nicht, dass sich die beiden voneinander getrennten, einander angeblich entgegengesetzten gesellschaftlichen Sphären zugewiesenen Hassformen *Kunst* und *Realität* je begegnen, gar zusammenkommen. Die Synthesis ist der Feind der bürgerlichen Kulturauffassung. Keine Korrespondenz, gar Befruchtung darf stattfinden zwischen Wirklichkeit und Kunst. Bloß nichts, was je in der Kunst (oder Literatur, Theorie, Philosophie) anklingt, zur Diskussion gestellt, vorgeschlagen wird, soll auf den Boden des Realen gebracht werden, wo es hingehörte. All dies soll *schöne Idee* bleiben, die nur ja nicht in die *»profane«* materielle Realität übersetzt werden soll. Der Liberalismus weiß ganz genau um sein Hauptinteresse: den Idealismus in Stand halten, damit bloß kein Materialismus, also begriffliche Einsicht in die Wirklichkeit je Wirkung entfaltet. Stattdessen wird der Bereich des Wirklichen abgezäunt mit Mitteln wie Feuilleton, Diskurs, Philologie, Kritik.

Der Kampf gegen den Hass ist dann zugleich auch der Kampf gegen eine materialistische Kunst- und Gesellschafts-Auffassung, gegen Marxismus. Das Prinzip der Hassbekämpfung ist dasselbe wie das im bürgerlichen »Kampf gegen rechts«. Dieser ist gleichzeitig immer auch ein Kampf gegen links, also vor allem: Antikommunismus. Die liberale Weltanschauung kann in allem, was von ihr abweicht, immer nur Totalitarismus und Extremismus erkennen. Dem Bourgeois-Staat ist nicht möglich, gegen rechts zu kämpfen, ohne auch gegen links zu sein. Linke, die trotzdem versuchen, den Kampf auf diesem Boden zu führen, dienen dem Liberalismus damit nich bloß als Feigenblatt, sondern werden auch noch als Moral-Trommler vom Dienst verheizt. Dieser *Kampf gegen Totalitarismus, Extremismus, Gewalt* usw.

endet immer damit, dass Linke (KPD) verboten werden und Rechte weiter marodieren können.

So soll es mit dem *Kampf gegen Hass* (im Netz und anderswo) auch sein: Es wird verkündet, man dämme den Hass ein, entzieht damit aber linker, revolutionärer Politik und Kunst die Handlungsgrundlage. Schließlich ist alles konsequent Linke von vornherein als mit Hass verbunden gebrandmarkt. Nur verfährt hier die liberale Ideologie unglücklicherweise – mittels Instandhaltung des Idealismus – so geschickt, dass sie ganze Heerscharen von *radikaleren* Linken, die dem Idealismus ohnehin nahestehen, in ihr Projekt mit eingliedert. Diese dürfen dann ihren abstrakten Radikalismus ausleben in der Kunst oder sonstig im Rahmen der »freiheitlich-demokratischen Grundordnung« und den Gesetzen von Schmunzeltwitter-konformen *hot-takes* und *heute-Show*-Memes von vor 3 Jahren. Wer diesen *Netz-Aktivismus* wiederum als den demokratischen, also: Liberalismus legitimierenden Budenzauber erkannt hat, der er ist, kann sich sicher sein, als ganz fieser Hassverbrecher zu gelten.

»Die Bilder der literarischen Hassrede« seien »sadistisch und exzessiv, es sind Worte wie Messer, scheusslich, voll Aas, Kot und Blut«, feiert eben jene Sara Pines die ihr genehme Vorstellung vom guten, kultivierten, weil angeblich unernsten Literatur-Hass. Es wird, bei Bohrer und Pines wie bei tausenden anderen, an einem Mythos der willkürlichen Trennung zwischen »literarischer Hassrede« und realer gestrickt: als wäre die Literatur nicht real – was den Bürgern ganz recht käme –, das Internet aber schon. Es salbadern diese Leuten trotzdem von einem »Reallife«, das dem Internet angeblich entgegengestellt sei. Wenn dem so ist, dann kann auch der Hass in diesem nicht plötzlich »real« oder gewalttätig oder kriminell oder übergriffig sein. Hass im Virtuellen, in der Kunst, bleibt virtueller, künstlicher Hass, es tut mir leid, Frau Künast. Einerseits will der Bürger, wenn es seinen Interessen gelegen kommt, unbedingt die

Trennung von Kunst und Realität, andererseits behauptet er nun die *Identität* der künstlichen, virtuellen Sphäre des Netzes mit der restlichen gesellschaftlichen Welt.

Diese Trennung also, die das Bürgertum immer und unbedingt vollziehen muss, nämlich die von einerseits »*Kunst*«, also einem unernsten, ungültigen Spielplatz zum Austoben für einige wenige Unzufriedene, die mit Belohnungen vom Herrentisch via Stiftungen, Stipendien, Literaturpreise etc. in ihren Ateliers und Digitalnomaden-Laptop-Cafés ruhiggestellt werden, bevor sie etwa noch anfangen, Revolution machen zu wollen, und andererseits ihrer sogenannten *Realität*, zu der dann auch die Sozialen Medien im Netz gezählt werden, obwohl sie den meisten bereits als ein ebenso künstlicher Spielplatz dienen, und die ganz dringend geschützt werden müsse vor gefährlichen radikalen Ideen und dem Hass und überhaupt der Unhöflichkeit und was da sonst noch für Mittel sind, die Möglichkeiten entfachen könnten, irgendeine Schieflage der bürgerlichen Ordnung zu erwirken.

Welche Äußerung als *legitimer* Hass angesehen wird und welche als *illegitim*, kommt auf den gesellschaftlichen Zusammenhang an, in dem sie stattfindet. Eine linksradikale Äußerung im Feuilleton einer Zeitung etwa wird anders (i. e.: als harmloser) beurteilt als dieselbe bei einer Hausbesetzung. Diese doppelten Maßstäbe aber *muss* sich die Bourgeoisie einfach herausnehmen, sonst ist der fortwährend von oben geführte, aber nicht zugegebene Klassenkampf nicht möglich. Und dieser Klassenkampf greift zu allen möglichen Mitteln, ist also immer *ver-mittelt,* niemals pur als offener Klassenkampf auftretend. Mal gibt er sich die Form linksliberaler Satire, mal die nationalliberaler »Wissenschaft«, mal bedient er sich der Maske des »rechten Hasses« – es sind dies alles bloß Formen des Klassenkampfs von oben. Aber darauf fallen allemöglichen Linken herein, indem sie diese Kategorien, die letztlich solche des liberalen Klassenkampfs sind, übernehmen.

Liberale »Gegen den Hass«: Emckes Welt

Nicht bloß zwischen Kunst und Realität wird der Hassbegriff aufgespaltet. Außerhalb von Kunst und Internet, im bürgerlichen Alltag, werden derweil die unterschiedlichsten Phänomene wie Unmut, Missgunst, Zorn, Ärger oder Gewalt, und – etwa in Carolin Emckes Bestseller *Gegen den Hass*[18] – auch noch Rassismus, Sexismus, Antisemitismus, rechte Gewalt und linke Gewalt allesamt unter den Hut des Hasses gebracht.

Rassistische Pogromversuche und Gewalttaten etwa werden bei Emcke in ein Kapitel mit dem Titel »Hass und Missachtung« (S. 45 f.) geschoben und unter den liberalen Blödsinnsbegriff »Gruppenbezogene Menschenfeindlichkeit« subsumiert (unter den dann auch der Kampf gegen Nazis fallen kann, weil auch das Gruppen von Menschen sind, denen man sich als Linker feindlich gegenüberstellt). Israel-Kritik und das Reden von einer »schwulen Lobby« (S. 76) wird als »Komplizenschaft zum Hass«, als dessen »Vorbereitung« (S. 77) bezeichnet. Und S. 64 f. hält Emcke es für nötig mitzuteilen, wie in Facebook-Gruppen die große Hassverbrechens-Vorbereitung stattfinde gegen so unterschiedliche – und unterschiedlich mächtige, unterschiedlich gesellschaftlich anerkannte, auch unterschiedlich benachteiligte – Gruppen wie »Muslime (oder Juden oder Feministinnen oder Intellektuelle oder Roma)«, und dass solche »Muster der Wahrnehmung« und »Diskurse« (die ihr als die Ursache des Hasses erscheinen – und als Anhängerin des Liberalismus, des bürgerlichen Idealismus notwendig erscheinen *müssen*) »historische Vorlagen« hätten, womit sie den Nationalsozialismus meint, der ihr zufolge aus »Hass auf Fremde«, »Gebrüll auf den Straßen«, »diffamierenden [...] Graffiti« (65) usw. bestanden haben soll.

Den Widergänger der faschistischen Barbarei sieht sie in dem, was sie – und mit ihr freilich die begriffslosen Sich-Im-Internet-Zuhausefühler aus Lobos »Netzgemeinde« – bloß als »Hass« verstehen kann: im heutigen bundesdeutschen Diskurs über Gewalt durch Migranten, für welche sie – wohlgemerkt mehr »Differenzierung« (68) anmahnend – genauso verkürzt »übermäßigen Alkoholkonsum, [...] Machismo und patriarchale Denkmuster« (68) verantwortlich macht. Drogen und falsches Denken sind demnach für »Hass und Gewalt« verantwortlich, und nicht etwa die handfeste Einrichtung dieser Gesellschaft. Hass jedenfalls kann Emcke definitiv nur als »Vorbereitung« oder »Vorstufe« (61) für »Gewalt« sehen, nicht etwa als ein acting out, das tatsächliche physische Gewalt auch verhindern kann. Das von einem aggressiven deutschen Mob ausgehende Anpöbeln, Diffamieren und Bedrohen von Refugees sowie deren erzwungene polizeiliche Entfernung aus einem Bus unter johlendem Applaus des Pöbels im Februar 2016 in Clausnitz ist für Emcke »Hass«, der wiederum auf »Ideologie« beruhe, welche ihren Ursprung in Online-Foren habe (61). So weit verfolgt sie die Gewaltkette zurück. Bis ins Internet. Und dann war da noch irgendwas mit Nazis im letzten Jahrhundert.

»Die Sprache kommt vor der Tat« (S. 223), zitiert Emcke, einen Satz von »bemerkenswerter Klarheit« lobend, den BKA-Chef Holger Münch. Nicht mehr kommen *vor* der Tat die materiellen gesellschaftlichen Grundlagen und nicht mehr erzeugen diese und die »Taten« der Politik die entsprechenden Reaktionen, sondern die Sprache, die Ideen erzeugen die Wirklichkeit. Es seien »Ideologien«, die Taten produzieren und nicht umgekehrt reale Handlungen und Einrichtungen, die Ideologien produzieren usw. Alles das ist irgendwie »Hass«. Emcke tanzt um den rosa Elefanten im Raum herum, der da heißt: Bürgerliche Klassengesellschaft der Epoche spätimperialistischer Prägung mit fortgeschrittener kapitalistischer Monopolbildung und ihrer politischen Begründungsform, der liberalen parlamentarischen Demokratie.

Die Verteidiger des Liberalismus sprechen in auffälligem Umfang und sehr allgemein vor allem gern da von »Hass«, wo es ihnen unmöglich ist, von konkreten Ursachen der typischen Komponenten bürgerlicher Verhältnisse wie Faschismus, Rassismus, Judenfeindschaft, Ohnmacht und materieller Armut zu reden. Denn diese wären gesellschaftliche Kategorien, die ein Licht auf die Gesamtverfasstheit des Liberalismus würfen. Deshalb muss alles, was nicht ins propagandistische Selbstbild passt, zum Hass umetikettiert und als Nicht-Gesellschaftliches, als Ausdruck fehlgeleiteter Einzelner, Problem des Individuums, als etwas dem Liberalismus äußerliches abgespalten werden. Wenn dann etwa in einer Meldung des Deutschlandfunks unter dem Titel »*Ermittler: Hetze kommt überwiegend von rechts*«[19] eingeräumt wird, »die überwiegende Anzahl der Fälle von politisch motivierter Hassrede komme von rechts, sagte Staatsanwalt Christoph Hebbecker«, dessen Behörde »gegen die Verbreiter von Hasskommentaren im Internet« ermittle, dann heißt das übersetzt: *Faschismus kommt überwiegend von Faschismus.* (Und dieser wiederum kommt von der bürgerlichen Gesellschaft.) Das Wort *Hass* ist hier unnötig, fehl am Platze. Es ließe sich, statt verallgemeinernd von *Hass* zu phantasieren, wo es sich um konkrete rechtsradikale Gewalttaten handelt, von Faschismus reden. Aber die bürgerliche Gesellschaft darf keinen Begriff von Faschismus haben, weil sich im Hause des Henkers schlecht vom Strick sprechen läßt.

Der deutsche Liberalismus, jener historisch mehrfach beglaubigte Geburtshelfer von Nationalismus und Faschismus, bringt es einfach nicht übers Herz, den Faschismus und seine Bekämpfung explizit in die Staatsverfassung aufzunehmen (wie das etwa in der DDR geschehen konnte). Das tut er nicht, weil es nicht seine Funktion ist. Weshalb dieser Anspruch an ihn zwar verständlich sein mag, aber auch hoffnungslos wirklichkeitsfremd. Und weshalb jeder, der sich hierzulande *ernsthaft* gegen Nationalismus und Faschismus wendet, ihm folgerichtig als verfassungsfeindlich gilt, weil dessen Verfassung tatsächlich auch den Linken, den Antifaschisten (»Extremisten«) gegenüber feindlich gesinnt ist. *Deshalb* sind die Verteidiger der bürgerlichen

Gesellschaft, deren Medien und sonstige Organe, dazu gezwungen, von *Hass* zu sprechen, weil sie vom Faschismus, den sie selbst unablässig hervorbringt, nicht reden können, ohne ihn zu verniedlichen – etwa, indem sie sofort immer auch »linke Gewalt« anprangern. *Deshalb* auch muss der Hass als etwas Nicht-Gesellschaftliches, Andersartiges und Individuelles inszeniert werden, das keinesfalls aus »der Mitte der Gesellschaft«, und wie die mythischen Un-Orte noch so genannt werden, stammen darf. Denn der liberale Laden muss sauber gehalten werden, auf ihn darf kein Verdacht fallen.

Stattdessen ist eine seiner zentralen Bestrebungen die Delegitimierung des Marxismus – also der einzigen Theorie, die erwiesenermaßen eine Praxis zur Folge hat, welche mit den rechten Bewegungen aufräumt –, während er gleichzeitig der Verharmlosung und Förderung von Rechtsradikalen nachgeht. Die Gesetzgebung im Hinblick auf »Hasskriminalität im Netz« ist ein Element davon: Man fürchtet – oder ahnt – in liberalen Kreisen, der revolutionäre Klassenhass könnte irgendwann den Funken entfachen, der ihren Staat gewordenen Saftladen mehr als nur kritisiert. Deshalb werden sowohl linke als auch rechte Einwände, die den bürgerlichen *Gewohnheiten* (das sind sie eher als *Sitten* oder *Höflichkeit*) nicht entsprechen, auf allgemeinen »Hass«, also eine Kategorie der Enthirnungsanstrengung von Boulevardzeitungen eingeebnet.

Die Liberalen und vor allem die linken Liberalen wie Lobo und Emcke erweisen der herrschenden Klasse eine Gefälligkeit, die ihnen das Bundesverdienstkreuz gegen den proletarischen Klassenkampf von unten und gegen »linken Hass«, die berechtigte Gegenwehr zum liberalen Elend, in baldige Aussicht stellt. Wenn hier von Linksliberalen die Rede ist, geht es dabei um Leute, deren Stellung im Produktionsprozess es ihnen erlaubt, der bürgerlichen Demokratie und ihrer Ideologie – dem Liberalismus – in den Grundwerten beizupflichten, dies aber von links. Sie haben an den realen materiellen Erzeugungsbedingungen der Gesellschaft nichts auszusetzen, ziehen aber bei deren Verteidigung die linke Moral-Variante der rechten vor.

Carolin Emcke will die *Gesellschaft vor den Hatern* (also auch: linken, revolutionären) *schützen.* Ihr Buch wird vom Verlag beworben als Sammlung von »überzeugenden Argumenten« für alle, »die Denkanstöße suchen, um eine humanistische Haltung und eine offene Gesellschaft zu verteidigen.«[20]

Der Sozialdemokrat Sascha Lobo wiederum war es, der[21] die als links geltende Spiegel-Online-Kolumnistin Margarete Stokowski lobte für ihre Sätze »Hass im Netz bleibt nicht unbedingt im Netz. Walter Lübcke bekam auch Hass im Netz ab, bevor er erschossen wurde«,[22] mit welchen sie – nun von links – das reaktionäre Märchen von der Gewalt-Einstiegsdroge Netzhass forterzählt, welches jeder empirischen Grundlage entbehrt. Da will ausgerechnet eine sich für besonders links haltende Autorin Leute davon abbringen, CDU-Politiker zu hassen, weil es noch schlimmere Rechte gibt, die solche Politiker ab und wann erschießen, und das ausgerechnet in ihrer Dankesrede für die Verleihung des Tucholsky-Preises, dessen Namensgeber ihr immerhin als einer der größten literarischen *Hasskriminellen* des Landes bekannt sein müsste: »Kein Resultat, kein Ziel auf dieser Erde wird nach dem logisch geführten Beweis ex argumentis gewonnen. [...] Aber wie sollen wir gegen kurzstirnige Tölpel und eisenharte Bauernknechte anders aufkommen als mit Knüppeln? Das ist seit Jahrhunderten das große Elend und der Jammer dieses Landes gewesen: daß man vermeint hat, der eindeutigen Kraft mit der bohrenden Geistigkeit beikommen zu können.«[23]

Nicht, dass hier bloß das Symptom zu bekämpfen bzw. eher zu beklagen versucht wird – Symptome abstellen kann manchmal die einzige Lösung sein – nein: Der Stumpfsinn liegt darin, dass ein Symptom (»Hass«) zu seinem Gegenteil, zur Ursache umgelogen wird. Die Auswüchse jahrzehntelanger CDU-Politik werden verallgemeinert jenen angelastet, die ihr, auch von links – und sei es mit »Hass«, und sei es »im Netz« – entgegnen.

Mir liegt schon daran, solche auch in linken Zusammenhängen einflussreichen Stimmen nicht nur polemisch abzutun, sondern sie, oder zumindest den Schaden, den sie anrichten, ernst zu nehmen.

Was »bleibt« laut Stokowski und Lobo »nicht im Netz«? »Der Hass«. Was ist der Hass? Der Hass kann nicht einfach im Netz *bleiben*, weil er nicht einfach im Netz *ist*. Er existiert bereits vorher: in den Individuen, die ganz real leben, physisch existieren. Und diese Individuen existieren in all ihrer Wesentlichkeit ganz und gar innerhalb der bürgerlichen Gesellschaft, unter ganz bestimmten ökonomischen und ideologischen Bedingungen. Diese gesellschaftlichen Zustände und ökonomischen Bedingungen wiederum bewirken gewisse Haltungen, Meinungen, Verhaltensweisen und seelische Zustände der Individuen.

»Das Netz«, in welchem diese Haltungen, Meinungen, Verhaltensweisen und seelischen Zustände – meinetwegen aggressiv – ausgedrückt werden, ist lediglich Abbild dieser seelischen Zustände der Individuen innerhalb dieser bürgerlichen Gesellschaft.

Was nun kann gegen diese hässlichen Erscheinungen tatsächlich getan werden? Die Ursachen, die allesamt in den Formen bürgerlicher Vergesellschaftung und liberaler Ideologie begründet liegen, wären abzustellen, diese Formen – revolutionär – aufzuheben. Und was schlägt Stokowski mit Beifall von Lobo vor? »Taschenlampe gegen Nazis, ich fürchte, das funktioniert nicht. Das ist nicht der Antifaschismus, den ich mir vom Staat wünsche. Was funktionieren würde, wäre Abschreckung, weil Täter ermittelt und bestraft werden.«[24]

Jeder weiß, dass das Prinzip der Abschreckung noch nie funktioniert hat. Niemand, der den unbedingten Drang in sich verspürt, einen Menschen zu erschießen, wird sich abgeschreckt fühlen, wenn man ihm dafür ein paar Jahre Gefängnis mehr androht. Nur die allerrechtesten Todesstrafenbefürworter glauben diesen Humbug noch. Und Stokowski. Es waren die Linken und Linksliberalen, die Jahrzehnte lang nicht müde wurden, diesen *Law-and-Order*-Hardliner-Blödsinn als zutiefst reaktionären, zigfach widerlegten Akt rechtsstaatlicher Verzweiflung zu entlarven. Heute sind sie so heruntergekommen, dass sie den postfaschistischen bürgerlichen Staat als Weihnachtsmann betrachten, der ihre antifaschistischen Wünsche erfüllt.

Dem Verfasser liegt nicht daran, tatsächliche Bedrohungen im Netz kleinzureden oder gar zu leugnen, auch wenn selbst sie, gegen die richtigen gewendet, fortschrittliches Potenzial haben mögen. Sein Augenmerk ist vielmehr gerichtet auf das Verharmlosen oder das komplette Ignorieren der realen materiellen *Grundlage* auch dieser Hass-Erscheinungen. Man schiebt den Hatern in die Schuhe, was die durch z.B. CDU-Politik betriebene Klassengesellschaft anrichtet. Man kommt weg von den Ursachen und verwechselt diese mit den Symptomen. Man schaut nicht mehr auf die wirkliche Politik, sondern nur noch darauf, was irgendwelche armen Würstchen im Netz so Unmoralisches von sich geben. Man richtet seine Aufmerksamkeit nur noch auf den – notwendig – existierenden Überbau und verliert damit die – kontingente – gesellschaftliche Basis aus dem Auge. Masken, Mystifikationen von Verhältnissen werden verdammt statt der ökonomischen Bedingungen, die diese erst – als »Charaktermasken« (Marx) – hervorbringen.

Es mag verständlich sein, dass Leute wie Stokowski, die sich selber der Verfolgung oder der öffentlichen Abneigung ausgesetzt sehen, sich in die vermeintlich schützenden Arme des liberalen Staats zurückzuziehen wünschen. Da scheint schon ein recht inniges Verhältnis zum bürgerlichen Klassenstaat aufgebaut zu sein. Der Eindruck drängt sich auf, Stokowskis Empathie, ja Identifikation mit dem CDU-Politiker Lübke sei etwas zu arg. Ihr scheint gar nicht der Gedanke zu kommen, dass man es bei diesem mit einem Repräsentanten jenes Staates, jener Klasse und jener Politik zu tun hat, die zuvor jahrelang den Mutterboden für den heutigen Rechtsradikalismus und die AfD geliefert haben mit ihrer Hatz gegen Sozialismus, der Entschuldigung rechter Pogrome, der Relativierung rassistischer Kriminalität, dem rigiden Antikommunismus, den Berufsverboten gegen Linke, den Sozialkürzungen, den Reden von gefährlicher »Durchrassung der Gesellschaft« (Edmund Stoiber), den massiven polizeilichen Angriffen gegen Linke, dem Verbot und der Verfolgung linker Parteien und Organisationen, dem Nichtverbieten der NPD usw. Und damit selbstverständlich auch mit all jenen Phänomenen, die nun, kompakt vereinfacht als »Hass im Netz«, durch die Medien geistern. Es brauchen nicht erst Politiker im Netz beleidigt zu werden, damit eine dahergelaufene rechte Canaille auf die Idee kommt, einen CDU-Bürgermeister zu erschießen. Dieser Gedanke käme jener sicher auch ganz ohne Internet.

Die Frage bleibt, warum sich Leute wie Lobo und Stokowski partout nicht daran erinnern mögen, dass Hunde, die bellen, nicht beißen – wo sie der Hass im Netz doch so bedrückt: Wenn in den Kreisen der Empörten »Hassrede in einem engen Wortverständnis [...] als Aufstachelung zu Gewalttaten«[25] aufgefasst wird, andererseits aber erwiesen ist, dass 99,99% der »Hassrede« im Netz keine solche Gewalttaten zur Folge haben, wird das wohl daran liegen, dass es sich nicht um Hassrede handelt, sondern um Schimären. Auch fraglich ist, wieso angeblich erwachsene Menschen die Social-Media-Pöbeleien nicht als jene modernisierte Form von Hauswand-Schmierereien begreifen können, die sie in ihrer weit überwiegenden Mehrheit darstellen. Die Antwort muss darin liegen, dass hier persönliche Angst-Phantasien und weltfremde Bedrohungsgefühle zu einem realistischen Szenario erklärt werden. Wer aber wirklich gefährlich ist und etwa Mordabsichten hegt, wird meist anderes zu tun haben, als Fremde auf Twitter zu beleidigen.

Auf solche Weise gedankenlos sich ihrem Aktivismus-Drang hingebende Figuren wie Lobo und Stokowski sind symptomatische Beispiele dafür, wie mit erheblicher Unbildung ausgerüstete und mit reaktionärem Geraune vorgehende Publizisten innerhalb bürgerlicher, liberaler Verhältnisse als links, gar revolutionär gelten können: Im 21. Jahrhundert, wo in der BRD jede einigermaßen mit Erfolgsaussicht gesegnete kommunistische Anstrengung zerschlagen wurde, geben solche semi-kabarettistischen Alleinunterhalter den schlechten Ersatz ab für das, was man früher einmal revolutionäre Linke nannte. Der Verfasser bezweifelt, dass es für Linke nützlich sein kann, sich von solchen Leuten Ratschläge zum Hass im Netz geben zu lassen.

Hass von oben: Der Diskurs

Die Frage ist nicht nur, *von wem* der Hass ausgeht, sondern auch, *gegen wen* er sich richtet. Für die Legitimation von Schmähkritik wurden auch im bürgerlichen Diskurs schon immer Werturteile herangezogen. Wer sich z. B. rassistisch, antisemitisch, sexistisch usw. äußert, dem wird abverlangt, öffentlich auch mehr an Spott, Satire, Schmähung einstecken zu können. Staats-Chefs wie Putin, Trump, Erdogan, Xi Jinping sollen mehr abkönnen, weil sie mehr Macht besitzen als der Durchschnittsbürger (wobei der Spaß freilich bei der deutschen Bundeskanzlerin aufhört). Die Legitimität des Beleidigens wird stärker proportional zur Mächtigkeit oder Amoral des Beleidigten. Der Liberalismus selbst setzt den Maßstab, dass, wer oben steht, mehr abkönnen müssen soll als die unten. Das groß angelegte, aber völlig erfolglose Quatschprojekt deutscher Kleinhumoristen namens Satire baut auf diesem Grundsatz auf und wäre ohne ihn gar nicht denkbar.

Das ist die Ethik des Nach-oben-Tretens. Nur ist nicht immer sofort auszumachen, wer von all den in Konkurrenz zueinander geworfenen Knechten gerade höher steht – was der sich selbst zum Satiriker Ernennende geschickt zu nutzen weiß, wenn er nach unten treten will. Schließlich darf, wer sich selbst nur weit unten genug dünkt, gegen jeden schießen, weil alle anderen höher zu stehen scheinen.

Wenn nun aber eine von der Großteilen der Gesellschaft nicht geächtete und mit einiger Wirkmacht gesegnete, zahlenmäßig gut ausgestattete Gruppierung unaufhörlich den hanebüchensten, jedem wissenschaftlichen Verstand hohnspottenden Unsinn in die Öffentlichkeit schmettert und damit gar diese Öffentlichkeit überhaupt erst konstituiert, müsste, zumindest wer konsequent im Sinne des bürgerlichen Rechts handeln wollte, auch hier denselben Maßstab anlegen und die Latte zur berechtigten Schmähkritik niedriger hängen. Denn die Verbreitung von nachweislich falschen und bereits zigfach widerlegten ökonomischen oder politischen Auffassungen ist nicht weniger niederträchtig, reaktionär und verheerend, nur weil sie etwa *ohne* Rassismus, Antisemitismus, Sexismus usw. auskommt. Es ist klar, der Verfasser spricht von der Presse. Ausgerechnet Vertreter jenes Berufsstands nämlich, der seit geraumer Zeit vor allem darin brilliert, etwa Verleumdungskampagnen des Springer-Konzerns gegen unschuldige Einzelpersonen (mit Folgen wie z. B. Sturz des Bundespräsidenten Wulff und dessen Ersetzung durch den antikommunistischen Hetzer Gauck, tödliche Schüsse auf linke Demonstranten usw.) tatkräftig zu unterstützen oder gar zu initiieren und der schon bei veritablen Gewaltverbrechen wie der Geiselnahme von Gladbeck die unrühmliche Rolle des Bluthunds gespielt hat, wäre es schon im Sinne des eigenen Rufs angeraten, ein wenig zurückhaltender aufzutreten, wenn es um das neuerlich entdeckte Engagement *gegen Hass und Hetze* geht, welche man auffallend oft *außerhalb* des breit akzeptierten, herkömmlichen Journalismus aufzuspüren pflegt.

Der doppelte Maßstab zeigt sich auch beim Umgang mit Satire: Mit einem Male waren 2015 die Progressiven, Linken, Liberalen, Journalisten, Comedians in ihrer Mehrheit solidarisch mit den immer wieder durch rassistische Karikaturen von sich Rede machenden Satirikern der Redaktion von *Charlie Hebdo*, weil ihr Bedürfnis nach Identifikation mal wieder größer war als das nach Unterscheidung und Reflexion. Dieselbe Farce ereignete sich beim Anti-Erdogan-Gedicht des öffentlich-rechtlich abgesegneten *Hasspredigers* Jan Böhmermann. Diesen Moral-Dienstleistern ist offenbar unmöglich, einfach rechte Politiker oder Terroristen und deren Mordanschläge abzulehnen, *ohne* sich kurzerhand mit reaktionärem Geblödel zu solidarisieren. Hier hat der Terror schon gewonnen: Die westliche Wertegemeinschaft steht bis ins letzte linke Glied zusammen gegen den Musel.

Womit man es hier zu tun hat, ist der fließende *Übergang von legitimer Satire* (1.) und Ähnlichem wie Ironie, schwarzem Humor oder Sarkasmus, auf die sich als Ausrede stets berufen kann, wer von den Medienmonopolen bereits legitimiert ist, und andererseits den überwiegenden Fällen des sogenannten *Netzhasses (2.)*, die zwar inhaltlich keine Unterschiede zur Satire aufweisen, aber eben *nicht* von großzügig beleumundeten TV-Shows, Kabarettisten oder Schmunzeljournalisten, sondern von irgendwelchen Ohnmächtigen, Vereinzelten, eben: Nicht-Anerkannten außerhalb des gültigen Betriebs geäußert und deshalb als bedenkliche Trollerei, Beleidigung, Pöbelei, Hass, kriminell hingestellt werden. Doch auch die »Satiriker«, die unter (1.) fallen, greifen bekanntermaßen reale Personen direkt und persönlich an, während wiederum der Gutteil dessen, was in den Sozialen Medien gepostet und unter *»Hass«* gehandelt wird (2.), gegen keine Gesetze verstößt.

Die Grauzone zwischen beiden, das Grenzgebiet zwischen einerseits legitimem, weil unernst oder ironisch, künstlerisch anmutendem und andererseits ernstem, höchst bedrohlich scheinendem, abertausende Diskussionsrunden nach sich ziehenden (Troll-)Hass ist hier das Relevante. »Troll« ist einfach ein anderer Ausdruck für »nicht gebilligter Satiriker«. Stets wird beteuert, da stünde eine feste Grenzanlage, die den einen Hass vom anderen Hass klar scheidet – obwohl es sich um ein Übergangsfeld von einander im Konkurrenzkampf gegenüberstehenden, mehr oder minder liberalen Ideologien und ihren jeweiligen Mitteln der Propaganda handelt. Es ist ein schwer umkämpftes Feld, auf dem ausgehandelt wird, was in Zukunft noch möglich ist, inwieweit die sogenannten *Grenzen des Sagbaren* und andere Demarkationslinien zur Ordnung des bürgerlichen Diskurses zu verschieben sind.

Einerseits gelten Satire und Hass als zwei verschiedene Sachen, andererseits sind sie dasselbe: Es liegt immer am – formellen, nicht inhaltlichen – Zusammenhang, in dem etwas stattfindet, ob es den Leuten als Hass oder Satire erscheint. Es ist aber dann der Inhalt, der beäugt wird, obwohl lediglich der formale Rahmen unpassend ist. Es ist der Inhalt, der skandalisiert wird, obwohl der Skandal bereits darin besteht, dass ein- und derselbe Inhalt je nach Äußerndem mal als ehrenwert gelobt, mal als Hassverbrechen verdammt wird. Es ist, kurz gesagt, der Unterschied zwischen Hofnarren, die staatstragenden Dienst absolvieren, und fahrendem Gesindel, das gehalten ist, seine Narreteien außerhalb des Hofs ans Publikum zu bringen.

Selbst, wenn man sich einmal auf die Talsohle der Kriterien des Liberalismus hinabließe und spaßeshalber davon ausginge, dass tatsächlich ein Unterschied bestünde zwischen der persönlichen Beleidigung, die ein Berufsdichter, und einer, die irgendein Facebook-User hervorbringt (etwa eine Schmähung gegen Renate Künast), wäre das schon nahezu unmöglich, weil keine verbindlichen Maßstäbe mehr existieren, die regelten, wo eine gewisse Werkhöhe von Dichtung beginnt und die von Social-Media-Postings aufhört, zumal ein Großteil der gegenwärtig als Literatur oder Lyrik durchgehenden Werke auch nur noch gesammelte Tweets sind. (Weshalb auch beim Beleidigen in den Sozialen Medien dem offiziell als Künstler, Dichter etc. Tätigen mehr gestattet ist als dem Otto-Normal-Beleidiger.)

Den irrsinnigen Fall angenommen, ein solcher Unterschied bestünde: worin genau?

Dass etwa bei einem beleidigenden Gedicht das *Kunstwerk* im Vordergrund stehe, nicht die Beleidigung, kann wohl niemand im Ernst behaupten, wenn ein solches Werk hauptsächlich aus der Beleidigung besteht, die Pöbelei schier den tragenden Inhalt ausmacht. In der Form besteht der Unterschied nicht. Vielleicht in der Art und Größe des Publikums? Da gibt es sicher Unterschiede. Aber macht es eine Beleidigung wirklich besser, weniger beleidigend oder persönlichkeitsschädigend, wenn sie in einem zigtausendfach gedruckten, verkauften und gelesenen Gedicht steht, als wenn sie nur in einem Facebook-Kommentar mit 12 Lesern verbreitet wird?

Solche Fragen sind nicht uninteressant. Sie werden von den Hass-Hassern aber gar nicht erst gestellt, sondern die Antwort darauf hat von vornherein klar zu sein: Derjenige, der mehr Schaden anrichtet, sei im Recht, während der wirkungsarme Pöbel bitte still sein möge. Das zumindest in universitären Kreisen zu gewisser Geltung gekommene identitätspolitische Geblödel von der »Sprecherposition«, wonach die Richtigkeit einer Äußerung vor allem danach bemessen wird, von *wem* diese Äußerung stammt, ist also in Wahrheit kein modernes Konzept unterdrückter Minderheiten, sondern eine schon uralte, bürgerliche Erfindung mit langer Tradition im Klassenkampf von oben.

Die angebliche Trennlinie zwischen Hass und Kunst ist eine bloße Scheingrenze, deren Existenz immer wieder herbeigelogen wird, um Ausreden dafür zu haben, warum Etablierte – nennen wir sie ruhig: Bürgerliche – Rechte haben, die man den Kleinen, den Kläffern nicht zugesteht. Sie erhalten Preise für Einlassungen, die anderen als Verbrechen angekreidet werden: Hass, Pöbelei, Beleidigung. Die falsche Trennung von Hass und Kunst *muss* existieren in dieser Gesellschaft, weil sie eine ideologische ist, keine auf Wahrheit fußende. Denn es darf nicht jeder alles, was man den bürgerlichen Eliten durchgehen lässt: Schon die Möglichkeiten ihrer Anwälte sind denen der Pflichtverteidiger irgendeines Hartz-IV-Beziehers im Falle einer Anzeige weit überlegen. Doch die Diskussion über Klassenpolitik soll möglichst nicht aufkommen. Deshalb schimpft man hier Hass, was man dort als Kunst ehrt.

Bemerkenswerterweise machen die Kritiker der Hasspostings nicht ihre Persönlichkeitsrechte geltend, sondern beklagen, wie Emcke und Lobo, ein allgemeines *gesellschaftliches Klima*, das vom Hass *erzeugt* – und nicht etwa: bloß widergespiegelt – werde. Wenn das der Fall wäre, dürften literarische Erzeugungen von solcher Kritik und den Verboten nicht ausgelassen werden, schließlich wirken auch sie in die Gesellschaft hinein. Andererseits kann, weil niemand eine klare und gültige Definition von Satire – welche ja »alles« dürfe – hat, jeder Hassposter sein Recht auf Kunst- und Satirefreiheit geltend machen. So läuft alles auf Zensur und Verbot von Kunst hinaus. Irgendwie muss man den überhand nehmenden *unbefugten* Hass-Äußerungen Herr werden. Vorerst wird, in Ermangelung von anderen Mitteln der Zensur, eine Gesinnung angekurbelt, die Positionen der vehementen Ablehnung dieser Gesellschaftsform und ihrer materiellen Erzeugungsweise, also die des Klassenkampf gegen die Privateigentümer an den Reichtümern des Gemeinwesens, unterbinden soll. Weil aber die offiziellen Künstler und Literaten vorerst noch geschont werden müssen, sind mal wieder die Proleten die Doofen. Das Recht auf Hass liegt oben: die unten sollen selbst zusehen, wie sie qua Mitleidserheischungen, Bittstellungen, Moralisierungen, Unterwürfigkeiten und anderen Angeboten zu versöhnlerischem Klassenfrieden zurechtkommen.

Nicht nur, dass die alteingesessenen Fanatiker der Höflichkeitshuberei von oben die Trolle, die sie stören, einfach blockieren oder ignorieren. Indem Gegner oder einfach irgendwelche Deppen als menschenverachtende Hassende dargestellt werden können, leuchtet der eigene Heiligenschein der Güte umso heller. Das aber ist keine Ungeschicklichkeit, sondern Konzept: Der Bourgeois-Ideologe (Redakteur bei Springer oder *taz,* Professor, Politiker usw.) ist zum erbitterten Hass-Bekämpfer geworden, weil er die zum Mob Gemachten benötigt, um sich von ihnen absetzen zu können, weil sonst offenbar würde, wie sehr er ihnen in seinen Affekten gleicht.

Too many Friends: Die Ware User

Lassen wir die Ästhetik und die Frage, ob Literatur und Tweets an ein und denselben ästhetischen Maßstäben zu messen seien, mal beiseite – als ohnehin bloßes Überbauphänomen, dem materielle Prinzipien des bestehenden Rechts, der Staatseinrichtungen und des Eigentums zugrundeliegen. Auch wenn Philologen meinen, dies wäre ihre Sache, ist es natürlich in Wahrheit eine der politischen Ökonomie, deren übrig gebliebene Krumen des Ästhetischen sich diese Sorte Geisteswissenschaft nur in ihre Setzkästen stellt, um sie näher zu bestaunen.

Denn ob Hass-Tweet oder Hass-Literatur: Entweder, eine Äußerung ist justiziabel und unhöflich – oder eben nicht. Das Problem ist vielmehr, dass sich im Netz, und zwar unterhalb der Ebene staatlicher Gesetze – Subkultur nennt sich das wohl – Maßstäbe und Regeln etabliert haben, die Leute dazu verleiten, einen Unterschied anzunehmen zwischen Literaturwelt und Netzwelt: Letztere sei sozialen Regeln wie Nettigkeit, Höflichkeit, Ehrlichkeit, Authentizität – also einer Übereinstimmung der Online-Persona mit der juristischen bürgerlichen Person, die einen Account erstellt hat – unterworfen, erstere bloß egoistischen, also dem künstlerischen Gewissen verpflichtet.

Die so beliebte sogenannte Authentizität kann grundsätzlich bloß eingefordert oder erhofft werden in Zusammenhängen, die von Abbildern, nicht von direkter physischer Realität bestimmt sind: »Glaubwürdigkeit ist was für Lügner« (Dietmar Dath). Wenn in Gesellschaft jeder eine Rolle einnimmt, ist hier immer die Frage, ob diese Rolle in redlicher Weise eingenommen wird. Es kann daher bei der Frage nach Authentizität nicht darum gehen, jemandem vorzuwerfen, *dass* er etwas (vor)spielt, sondern ob dieses Spiel stringent und konsequent gespielt wird. Die Phrase von der Authentizität beschreibt nichts Anderes als die Maßgabe der Übereinstimmung von eingenommener Rolle mit den eigenen Ansprüchen dieser Rolle. Es geht hier nicht darum, ob die Rolle möglichst deckungsgleich mit der realen Person »hinter« dieser Rolle ist. Das hat nicht zu interessieren, und es ist ohnehin bei niemandem der Fall, sonst gäbe es überhaupt keine Rollen und wir wären alle glückliche Affen, die ganz und gar mit sich selbst identisch – und deshalb nichts – wären.

Nun herrschte etwa im User-Netz (anfangs noch »Web 2.0« genannt) von Beginn an ein Nebeneinander von grundlegenden Werten und Moralen. Zunächst verstand man es sehr wohl als nicht-authentische, künstliche, künstlerische, unpersönliche Plattform, als neuartiges Medium, das andere Funktionen habe als das schiere Abbilden des *Reallifes* der Teilnehmenden. Kein User irgendeines Forums wäre etwa um das Jahr 2005 herum darauf gekommen, dort mit seinem bürgerlichen Klarnamen aufzutreten. Das waren, wenn überhaupt, nur die allergrößten Deppen. Damals war das Unauthentische, die Trollhaftigkeit noch das Leitbild *aller* User. Man war zumindest im Ansatz poetisch.

Die Totalität des sozialen Alltagslebens, das Abbilden des Privaten und dessen Übertreibung hin zur Mono-Moral des Privatlebens auch im Internet, eine Ent-Öffentlichung des Öffentlichen, die Privatisierung des Webs und dessen Fragmentierung in sich immer weiter verästelnde und in den kollektiven Wahn absinkende, idiosynkratische Gemeinden (»Bubbles«) wurde erst Ende der Nullerjahre, mit der verstärkten Kommerzialisierung und dem Beliebterwerden der dann sogenannten *Sozialen Netzwerke* selbstverständlich: Zunächst das noch recht spielerische, künstliche, unauthentische, trollige MySpace, dann die den Übergang von Spiel zu Ernst markierenden Studi-VZ und Facebook – sozusagen die Pubertätsphase des Social Webs –, und inzwischen wird einfach ständig und überall die Kamera draufgehalten und das Leben auf sieben Plattformen gleichzeitig hochgeladen.

Das Netz als solches ist derweil schier verschwunden. Seine frühen Formen waren noch Ausdruck der Vermitteltheit, des Künstlichen, jetzt zelebriert man einfach die Verdoppelung des privaten Alltags, nur weitestgehend bereinigt von den Hässlichkeiten, von denen nur noch die Hater und Trolle zeugen – womit nun bald auch Schluss sein soll. Die Kommunikationsroutinen im Netz haben nur noch die Funktion, die sozialen Zustände zu beschönigen. Das macht die Sozialen Medien zu real gewordener Ideologie, an die jeder zu glauben gezwungen ist, der an ihnen ernsthaft teilhat. Der Inhalt der neuen Medien sind die Abbilder der alten Menschen und ihrer Dummheiten. Denn natürlich kann das Leben, je mehr es ins Netz gestellt und abgebildet wird, umso weniger noch eines sein.

Schließlich greifen die Regeln der Sphäre des Öffentlichen auch auf diejenigen über, die den öffentlichen Charakter der Sozialen Medien leugnen. Man will dort ein Bild, also ein Image, einen der Werbung für Waren dienenden *Eindruck* der eigenen Person vermitteln, der besser ist als deren profane Realität. Der User wird warenförmig, die Ware Arbeitskraft (»Proletarier«) auch in der Freizeit im virtuellen Raum zur Ware. Das wiederum führt zur zunehmenden Verinnerlichung der Erwartungen von Followern und virtuellen Freunden. (Dabei stören dann natürlich die Trolle.) Man vertraut sich nach und nach dieser Logik an und verinnerlicht sie. Heraus kommt der totale, zur Religion erhobene Schwachsinn von Individuen, die meinen, sich in der Öffentlichkeit *und* im Privaten *zugleich* »aufhalten« zu können. Statt zu kapieren, dass sich Menschen im

Netz nicht »aufhalten«, sondern dass dort von irgendwem – oder von auf Algorithmen basierenden Maschinen, Bots – irgendwelche Texte oder Bilder hineingeworfen werden, die miteinander in Konkurrenz treten, also in öffentlicher Sphäre Öffentliches verrichten und schon deshalb nichts von Privatheit haben können, so sehr es auch zum Privatereignis (Foto vom Urlaub am Strand usw.) umgelogen wird.

Mit Social Media ist auch das Internet zu einer weiteren Agentur der individuellen Vernetzung zu Karrierezwecken unterm bürgerlichen Monopol geworden. In einem solchen Umfeld gelten andere Regeln – zum Beispiel die des (Arbeits- und Bewerbungs-) Marktes. Wahrheitsfindung etwa ist hier durch das Primat von Nettigkeit per se abgeschafft. Man hat es mit einer weiteren Sphäre des Sozialen, des Unwahren zu tun, d.h. es wird ein Fischen nach Nettigkeit durch Nettigkeit betrieben. In diesem, den Gesetzen der Reklame gehorchenden Warenmarkt, erscheint jeder, der einfach sagt, was Sache ist, schon als Hasser, Troll, böse. Die Sozialen Medien sind in ihrer Gänze längst Rollenspiele. Die Leute nehmen Rollen (Avatare) ein, und wissen auch, dass sie ein Theater spielen, aber es soll in dem Stück nur noch Gute geben, nur noch Kasper, Fee und Großmutter – keine Räuber, Teufel und Krokodile. Die Wirklichkeit wird entwirklicht, und zwar ganz nebenbei. Man braucht keine Eingriffe von oben mehr, wenn ohnehin alle das tun, was sie tun sollen, also: nett sind.

Wären die liberalen Verwurster ihres eigenen Lebens übrigens so klug, kompetent, argumentativ beschlagen und überhaupt von fachlicher Brillanz, wie sie stets von sich behaupten müssen, wäre es doch ein leichtes, sich – inhaltlich, argumentativ – gegen die Hater oder Trolle zu wehren. Das sind sie aber nicht, weil sie sich zum Zwecke der Selbst-Vermarktung in Widersprüche verwickeln *müssen*. Sie wollen es allen Recht machen, aber je konformistischer und stromlinienförmiger sie durch den Diskurs gleiten, desto stärker ziehen sie die Trolle an, denen Heuchelei immer ein gefundenes Fressen ist.

3. Die Regeln des Spiels
Social Media: Hass vs. Empörung

Große Weltdoofheit vs. kleinere Weltdoofheit

Obwohl die Social-Media-Welt, wie jede Welt des Glücksspiels und des unseligen Konkurrenzkampfes, ihre eigenen Regeln hat, nach denen auch Hass und Gegen-Hass funktionieren, werden diese Regeln von den Empörern und Empörten, von den sich selbst ins universale und definitive Opfertum herabdegradierenden Usern ignoriert. Man wähnt sich, statt in der Öffentlichkeit, auf familiärem oder freundschaftlichem Felde, in einer Art globalem safe space, in welchem nun plötzlich subjektive Gesetze, solche der Moral und des Mitfühlens herrschten und man ruhig jede innerste Regung offen ausplaudern dürfe, ohne mit Reaktionen rechnen zu müssen. Leute, die auf Facebook, Twitter oder Instagram für jeden einsehbar ihre Privatheiten zur Schau stellen und sich dann über »Cybermobbing« beklagen, weil jemand einen negativen Kommentar dazu schreibt, haben keinen Begriff von Öffentlichkeit mehr – was noch kein Problem wäre, machte man nicht ständig alle anderen dafür verantwortlich, dass man das eigene öffentliche Verhalten nicht reflektieren oder die Reaktionen auf dieses nicht verkraftet.

Und obwohl diese Leute vorgeben, sie gingen nur legitim ihrem Privatleben nach, wissen sie andererseits sehr genau, dass sie sich in der Öffentlichkeit befinden, wenn es z. B. um Affekthascherei (»Solidarität« usw.) geht, die den eigenen, meist recht dürftigen sozialen Staus zu heben imstande ist. Man will hier stets das beste aus beiden Welten:

Privatem und Öffentlichem, Geborgenheit und Promotion, Innerem und Äußerem, Kritisierendem und Handelndem, Gutem und Bösem, beklagt sich dann aber jämmerlich, wenn Nitriersäure und Glycerin sich mischen und es zur Explosion kommt.

Den Anti-Hass-Aktivisten ist es nicht wirklich darum zu tun, *den Hass* oder irgendwelche als Feinde ausgemachten Leute wirkungsvoll zu bekämpfen, sondern lediglich darum, sich mittels öffentlicher Aufmerksamkeit das Gemüt zu erleichtern, sich die eigenen Probleme von der Seele zu reden, aber nicht beim besten Freund oder dem Therapeuten, sondern vor der gesamten Netz-Welt. Jeder darf sowas gern tun. Aber sich dann zu wundern, dass die Öffentlichkeit sich nicht wie der Therapeut verhält, sondern wie die Öffentlichkeit – dass hier also keine Clique die Regeln nach eigenem Gutdünken setzt, sondern die Allgemeinheit, dass es keinen familiären Zusammenhalt zwischen Milliarden Menschen auf Weltebene gibt – ist dann doch kindisch. Man verwechselt hier ganz grundlegend das *world wide web* – also den Kriegsschauplatz große Weltdoofheit gegen kleinere Weltdoofheit – mit einer Gelehrtenanstalt oder dem Gruppentherapieraum. Das selbst schon ist Behelligung und Anmaßung, nicht erst die darauf folgenden Reaktionen.

Man erwartet therapeutisches Feedback, keines zur Sache. Man postet seine psychiatrischen Diagnosen und hält sie für Kommentare zum Weltgeschehen oder Gesellschaftskritik. Man nähert sich anderen damit auf sehr persönlicher Gefühlsebene, ist aber empört, wenn das Gegenüber, dessen Gefühlsebene momentan der Menschenhass ist, sich auf ebendieser zurückmeldet. Hass und Anti-Hass-Empörung sind einfach zwei Formen von Affekt-Inkontinenz, zwei Stämme des hysterischen Weltzugangs.

Wenn man aber Nazis und sonstige Weltverschlechterer wirklich bekämpfen – und nicht nur bejammern – wollte, ließe man sich auf die dafür geeigneten Werkzeuge und Maßnahmen ein und träte nicht immer wieder mit Forderungen nach möglichst überall einzurichtender Wohlfühlatmosphäre an die Welt, die noch nie Erfolg hatten. Man glaubte nicht im Ernst, dass das Problem mit Faschisten eines von falschen Moralvorstellungen oder fehlender »Empathie« ist, sondern wüsste, dass sich hier die aggressivsten Elemente der Bourgeoisie auf einem ideologischen Boden zusammenrotten, um auf ebenso aggressive Weise gerade den Bestand der bürgerlichen Gesellschaft, ihrer Kriege, ihres Monopolkapitals, ihres Imperialismus, ihrer kolonialistischen und rassistischen Regimente, kurz: um die Ausweitung der brutalsten »Pöbelbarbarei« (Hegel) zu erwirken.

Die UdSSR, die solchem Treiben entgegengesetzt war, hat 1945 nicht über Diskriminierung und Hass der Nazis gegen sie gejammert. Sie ist auch nicht auf Aufklärungstour durch autonome Zentren getingelt oder hat Paypal-Spendenkonten gegen die Opfer von Nazi-Stalking eingerichtet. Sondern sie hat die Rote Armee geschickt. Es sieht so aus, als müssten die *linken Hassenden,* also Materialisten, den Rest der Braven und zu Hass Unwilligen auch in Zukunft wieder mal aus der Scheiße reiten und vor dem *rechten Hass* retten. Denn es hilft nichts, Rechte auf eine linke Moral einzuschwören, deren *Bekämpfung* die Rechten ausmacht. Sowas anzunehmen ist typischer Idealismus, der seit Jahrhunderten von allen möglichen Linken gepflegt, aber eigentlich seit Marx und Engels mittels dialektischem Materialismus bereits hinlänglich ad absurdum geführt wurde.

Privatmeinungen und Privatidentitäten in der Öffentlichkeit

Social Media beruht in seiner Grundlage auf der *Vermischung* von privaten und öffentlichen Belangen. Um das Elend der Mediendemokratie perfekt zu machen, prallen auch hier zwei Prinzipien aufeinander:

1.) Das des familiären Wohlfühlens, des freundschaftlichen Umgangs zwischen Privatpersonen, die sich schon lange kennen und schätzen (z. B. Facebook-Freundes- und Familienkreise);

2.) Das der Sphäre der Öffentlichkeit, also der Verbindlichkeit statt der privaten Sympathie, des mehr oder weniger zivilen Kriegs aller gegen alle, des Klassenkampfs. Hier treten – vermittelt (durch Informationen wie Texte oder Bilder) – einander Fremde gegenüber, die sich noch nie real begegnet sind, die unterschiedliche Interessen haben oder in Konkurrenzsituationen stehen und in den Sozialen Medien wie zufällig zueinander geraten.

Wie beim Kampf rechts gegen links empören sich beide Seiten ständig darüber, dass die jeweils andere nicht *ihre* Moral, *ihre* Prinzipien teilt. Nur ist genau das die Wirklichkeit, über die zu empören sich nicht lohnt. Die jeweiligen Prinzipien sind einander nunmal entgegengesetzt, befinden sich im offenen Widerspruch zueinander. Mehr ist es nicht mit dem Diskurs um »Hass im Netz«; es sind Leute, die sich falsch verstehen oder falsch verstehen wollen und dann großes Brimborium um ihr jeweiliges Nichtverstehen und Nichtverstandenwordensein machen.

Wenn nun innerhalb dieser *öffentlichen* Sphäre Social Media mit ihren speziellen Gesetzmäßigkeiten die Rede auf Psychisches, auf *private Probleme und subjektive Schrullen* kommt, wurde bereits etwas falsch gemacht: und zwar bei demjenigen, der in seiner Not darauf zu sprechen kommt, statt sich einzulassen auf die objektiven Kategorien der Sphäre der Öffentlichkeit und deren Vermittlungsweisen, mittels welcher auch online die Gegenstände verhandelt werden und in denen er einzig auch seine Belange anerkennen lassen könnte. Das Unsachlichwerden und Personifizieren, überhaupt das Runterrechnen von allen Weltgeschehnissen aufs Persönliche ist nicht erst von den Trollen oder Hatern entfacht worden, sondern hat seinen Anfang schon im schrulligen Rumgejammer jener *Influencer, Free-*

lancer und servilen Service-Journalisten, die rund um die Uhr frei flottierend ihre seelischen und moralischen Befindlichkeiten ins Netz kotzen, ohne danach gefragt worden zu sein. Der freundschaftliche Diskurs mag zuweilen ein therapeutischer sein, aber der öffentliche kann dies – und darf dies im Interesse aller – nicht sein; hier geht es um die Sache, nicht um Privates. Die Umwandlung von Sach-Öffentlichkeit in eine Gefühls-Exponierung ist die Praxis der *Bild*-Zeitung, also eine jener oben genannten »Pöbelbarbarei«.

Wer anderen nahetritt, dem wird dann ebenfalls nahegetreten. So ergibt die eine Sorte Pöbelbarbarei – Rumgejammer – die andere: Hass.

Ganz gleich nun, ob Erstere anderen nahetreten wollten oder es ihnen versehentlich unterlief, ergibt ein nahetretendes Verhalten das andere. Aber die Nahetreter, die mit ihren elenden Privatmeinungen, ihren lebensnahen Anekdoten, ihren halbironisch zur Schau gestellten Netz-Gammelwitzchen aus Lobos Resterampe, überhaupt der Tyrannei des »falschen Konkreten« (Hegel) in die öffentliche Sphäre wie mit der Tür ins Haus fallen, als wäre es erstes Gebot, sehen sich nicht als Nahetreter, Belästiger und Beleidiger (z.B. des Geistes, des Humors, der Wissenschaft usw.), sondern als aufrechte, engagierte Diskutierende, als neugierige Zeitgenossen, nette, interessierte Demokraten. Ihnen fällt nicht ein, dass ihr Verhalten als belästigend empfunden werden kann und dass Belästigung nun mal – bisweilen auch stärkere – Gegen-Belästigung hervorruft. Aber sie sind dann immer ganz empört, wenn auf der von ihnen selbst etablierten Ebene zurückgeschlagen wird und sie ebenfalls der Belästigung anheimfallen. Diese Belästigung gilt dann als einzig erwiesene, wird schnell zu »Hass«, »Hetze« oder »Gewalt« umgelogen, so als wäre man selbst nicht mit eigenem Willen in den Kampf jenes Schlachtfelds, das die bürgerliche Öffentlichkeit seit je darstellt, getreten, sondern sei unfreiwillig hineingerissen worden. Die eine Pöbelbarbarei schilt die andere der Pöbelbarbarei. Irregeleitete aller Länder nennen das »Kampf gegen den Netzhass«.

Öffentlichkeit überhaupt ist gegründet auf der Möglichkeit auch zu Schmähungen, Beleidigungen, Pöbeleien. Öffentlichkeit ist der Marktplatz des schreienden Pöbels an seinen Meinungsständen. Man wird hier übers Ohr gehauen wie auf jedem anderen Markt. Bürgerliche Öffentlichkeit ist kein Kinderspielplatz, sondern Ort von Brutalität und politischer Auseinandersetzung, Klassenkämpfen. Die Blaupause der heutigen bürgerlichen Öffentlichkeit ist die versammelte Menge um das Schafott, auf dem der König geköpft wurde.

Die Etablierung dagegen von Privat-, Familien-, Emotions- und persönlichen Ebenen nebst ihrer Moral als Normalität hat zur Folge, dass auch die Negativität auf dieser Ebene stattfindet: der Hass. Die Gefühls-Übergriffigkeit hat zwei Seiten, und die als höflich verstandene war die vorausgehende, welche die andere, als bloßen Hass verstandene, nur hervorbringt. Die Höflichkeit der Bürger bringt die Manierlosigkeit der Aussätzigen hervor. Wer sich – privat – angreifbar macht, wird – privat – angegriffen. Wer nicht trennt zwischen Amt (i. e.: Internet-Figur, Avatar, Maske usw.) und Privatperson (z. B.: Heinz Schmidt, 43-jähriger Bürokaufmann aus Uelzen), kann nicht erwarten, dass ausgerechnet das – über lange Jahre zum Boulevard-Publikum erzogene und inzwischen durch Social Media zum verbal kraftmeiernden Pöbel »ermächtigte« – Volk diese Trennung vollzöge. Diese simple Tatsache wollen die Dauer-Aufgeregten und Berufs-Empörten, die Privatleben-Pornographen und Polit-Maskottchen, die Engagement-Prolls einer imaginierten solidarischen Gemeinschaft nicht kapieren.

Was ist das Pöbeln auf Social Media gegen die Gründung von Social Media?

Da gibt es Menschen, die etwa auf Twitter zwar ihre Berufsbezeichnung angeben, aber zusätzlich verkünden, sie seien »hier privat unterwegs«. Dass dieses *private* Unterwegssein *öffentlich* geschieht, hat bemerkenswerterweise bisher noch niemanden sonderlich befremdet. Denn auf die Popularität, die sich solche Figuren öffentlich, auf dem Felde der gesellschaftlichen Allgemeinheit und – im Falle von Politikern und für den öffentlich-rechtlichen Rundfunk tätigen Journalisten – auf deren Rechnung akkumuliert haben, möchten sie wiederum nicht verzichten, wenn sie dann als »Privatmenschen« *außerhalb* ihrer öffentlichen Funktion ihr neues Kochbuch oder ähnlichen Schmonzes zur Privatbereicherung bewerben wollen.

Während diese Meinungshändler nebenbei mit dem Gefasel von *Privat*meinungen und damit dem Eingestehen einer gesonderten, *nicht-privaten* Meinung für den Medienbetrieb dem Gerücht Nachdruck verleihen, die öffentlich-rechtlichen Journalisten seien ohnehin alle Handpuppen der Regierung, die ihre »wahre«, persönliche Meinung nicht sagen dürften, nimmt sich ihr Vorgehen die Praxis des kapitalistischen Unternehmertums zum Muster: allgemein, also mit öffentlichen Mitteln in gesellschaftlicher Sphäre (Prominenz) produzieren, aber das Mehrprodukt danach privat aneignen.

Wer daran – etwa als marxistischer Kapitalismuskritiker – öffentlich etwas auszusetzen hat, wird recht schnell des Hasses bezichtigt. Man solle doch zu allen nett sein, auch zum Springer-Redakteur, der sich »privat«, im Morgenmantel, auf den Marktplatz begibt, um dort seine neue Ware (Hetzartikel gegen Migranten) schreiend anzupreisen. Der Hass im Netz sei da fehl am Platze. Aber er soll da gerade fehl am Platze sein, um nämlich zu zeigen, dass der wahre Fehler die Nettigkeit ist, unter deren Regiment moralische wie monetäre Privatbereicherungen durchgewunken werden.

Diese Angreifbarkeit zieht Angriffe nach sich – so überlässt man den Trollen das Feld. Denn im Gegensatz zu den *privat unterwegs* Befindlichen, denen es um Privatsphäre absurderweise ausgerechnet *in der Öffentlichkeit* geht, und die getrieben sind, auf Social Media eine Zweitexistenz aufzubauen, die sich *gezwungen* fühlen, dort als Werbe-Hampelmänner ihres eigenen Elends aufzutreten, ist der Troll *aus freien Stücken* da. Der Troll genügt sich selbst, seine Praxis ist ihm Selbstzweck, nicht Mittel zur Werbung. Wo der offiziös Statusmeldungen twitternde Prominente sich doppelt angreifbar macht, ist der Troll doppelt unangreifbar. Er ist überhaupt nur dort, um anzugreifen. Ihm gehört das Feld, weil er der Handelnde ist. Von ihm geht die Aktion aus. Er ist rücksichtsloser Solitär, der nichts zu verlieren hat. Der Troll kennt keine Bubble-Ethik (»Netti-quette«), er ist Auftragstäter, aber auf eigene Rechnung.

Die Sozialen Medien wurden schon nach wenigen Jahren von Journalisten dominiert. Sie sind mitnichten ein Ort der privaten Belange, der »SMS an alle«, des freundlichen Nebeneinanders verschiedenster Wertevorstellungen. Social Media ist zu einer weiteren Apparatur der offiziellen Nachrichtensphäre und ihrer Zuträger geworden, mit der gewohnten Abhängigkeit von staatlichen Einrichtungen und politischen Parteien. Hier gelten jetzt die Regeln und die Moral des *freien* Journalismus, also des Gescheitertseins als Beruf.

Auch das ist lediglich Abbild einer allgemeinen Tendenz: Die heutigen sogenannten öffentlichen Debatten sind Debatten, die zwischen Journalisten über die Belange von Journalismus (Pressefreiheit, Meinungsfreiheit, Kunstfreiheit, Redefreiheit – deren Fehlen freilich immer im Ausland festgestellt wird, niemals in der BRD) geführt werden, also eine Diskussion von Journalisten für Journalisten über Journalisten und zum Behuf der Durchsetzung und Rechtfertigung des Liberalismus in jedem Winkel der Erde. Mit der wirklichen Welt der allermeisten Menschen haben sie kaum zu tun. Das hat Folgen für die andere Gruppe Gescheiterter – die Trolle –, die einfach nur munter drauflos beleidigen wollen und sich um ihren virtuellen Spielplatz betrogen sehen.

Social Media ist daher eine Sphäre, in der momentan jeweils zwei entgegengesetzte Prinzipen aufeinandertreffen, die aus den jeweiligen materiellen Interessen ihrer Träger resultieren:

1.) Privat vs. Öffentlich (siehe oben)
2.) Trollerei vs. Empörung
3.) Hass vs. Nettigkeit
4.) Text vs. Mensch

Punkt 4.) besagt, dass die Sozialen Medien Schauplatz der Konfrontation zweier weiterer Ethiken, Herangehensweisen oder Modi sind: Eine ist dem Medium angemessen, die andere nicht. Eine nämlich sieht Texte, die wiederum anderen Texten gegenüberstehen. Die andere sieht Menschen, die anderen Menschen gegenüberstehen.

Innerhalb der *sozialen Wirklichkeit* steht außer Frage, dass letzterer Standpunkt seine Triftigkeit hat. Im zwischenmenschlichen Verkehr ist Text tatsächlich zweitrangig. Nicht so innerhalb des *Internets*, das lediglich aus Sprache, Texten, Bildern usw. besteht. Hier steht, ob die Zwischenmenschlichkeitsfanatiker, die auch im Netz noch glauben, sie befänden sich im Sozialen, das wahr haben wollen oder nicht, der Text im Vordergrund, weil die Wirklichkeit dort aus *solchem* besteht und *nicht* aus anwesenden Körpern. Postmoderne Vermittlungsweisen bringen postmodernes Geschehen hervor: Die poststrukturalistische Fieberfantasie vom »Es gibt nichts außerhalb des Textes« (Derrida) ist für den begrenzten Raum des Internets wirklich geworden.

Wer das nicht begreifen will, jammert gleich wieder über »Menschenverachtung«, nicht ohne dabei Text-, also: Begriffsverachtung zu betreiben, d.h. die existenzielle

Grundlage des Menschseins infrage zu stellen. Es mag konsequent scheinen, in Sozialen Medien vorrangig das Soziale zu sehen. Aber das dortige Soziale besteht auch aus Texten und nicht aus *physischen Menschenkörpern, real anwesenden Personen*; es ist *vermittelt*. Das Internet ist Medium, also Vermittlung, nicht Unmittelbares. Andere Annahmen sind ein romantischer Irrealismus, der dann letztlich auf Jules Renards Satz »Man sollte gar nichts sagen, denn alles verletzt« hinausläuft, also die endgültige, konsequente Sprach- und damit Begriffslosigkeit. Das scheint überhaupt die übergeordnete Absicht der sich Empörenden – ob von links oder rechts – zu sein: jedwedes Denken und Begreifen abzustellen und durch eine Moral der Tierherde zu ersetzen.

Dabei ist es so weit gekommen, dass die Vermittlung heute selbst nichts mehr über ihre eigene Vermitteltheit weiß. So werden User inzwischen vor dem Absenden einer Nachricht gemahnt, noch mal in sich zu gehen und sich zu fragen, ob man das Geschriebene dem Empfänger der Nachricht (oder seiner eigenen Mutter) auch *persönlich* ins Gesicht sagen würde. Man stelle sich vor, bei jeder Abgabe eines Briefes würde der Postbeschäftigte fragen, ob man denn auch wirklich keinen Drohbrief oder eine Briefbombe versende oder ob man die Formulierungen, die man fürs Finanzamt wählt, auch in der Postkarte an den Ehepartner verwenden würde. Das Social-Media-Stadium der Menschheit erweist sich erst als Vorstadium einer noch umzusetzenden digitalen Zivilisiertheit, denn Zivilisationen haben indes gelernt, Unterscheidungen zu treffen und Ungleiches nicht mit gleichem Maß zu messen.

Leute mögen von Beruf Sozialarbeiter, Erzieher, Krankenpfleger und überhaupt grundgütige Personen und der Modus der Nettigkeit und Höflichkeit mag in ihren privaten und beruflichen Umfeldern vollkommen angemessen sein. Aber sie begehen den Fehler, diese berufsmäßigen und privaten Verhaltensgewohnheiten im Internet beizubehalten, also davon auszugehen, das Gewühl der öffentlichen Weltvollverblödung namens Social Media funktioniere nach denselben Gesetzmäßigkeiten wie die Abläufe in ihrem Berufs- oder Privatleben.

Im Zwischenmenschlichen gelten soziale Regeln, also solche der Moral. Deren Übertragung auf die sozialen Netzwerke führt dazu, dass auch politische Geschehnisse nur noch auf jener Ebene, also moralisch, persönlich beurteilt werden – und leider auch zunehmend bei Linken. In solchem Fahrwasser kann dann auch eine politische Institution wie das Amt des Präsidenten der USA problemlos auf seine jeweils aktuelle Charaktermaske – d. h. auf Persönliches – reduziert werden, statt sie als Ausdruck des Stands des gesellschaftlichen Verhältnisses von Kapital und Arbeit zu begreifen, als Produkt von Klassenkämpfen oder deren Ausbleiben, als Politik. So verleiht das sozialmediale Brimborium einer antimarxistischen linken Tendenz Ausdruck, die dazu neigt, Akte des Klassenkampfs umzulügen in individuelle Feindseligkeiten zwischen einzelnen Personen. Die Folge ist, dass Kategorien des Klassenkampfs im Internet zu »Hass im Netz« umgedeutet werden.

Denn es ist bei all dem Internet-Theater ein von Grund auf und bereits lange vor Social Media in die Welt getretenes Gefühligkeits-Gejaule und ein Intimitäts-Terror am Werke, ein Drängen und Bedrängen hin zur Authentizität und zum Bloßstellen des Lebensnahen, Privaten und angeblich Echten, das alles, was sich zur Künstlichkeit, zum bloß Virtuellen, zum Troll-Dasein bekennt, zum Unpersönlichen, Geistigen, Nicht-Subjektiven, mithin Objektiven, als unwahr, und dadurch unecht, illegitim zu stempeln bemüßigt ist und welches schon vor der Existenz des Internets seine Kanäle hatte. Die total gewordene liberale Realität, die nicht mal die halbe Wirklichkeit ist, sondern lediglich der Reflex der eigenen engen, kleinbürgerlichen Lebenswelt, wird hier zur allgemeinen Forderung, zum einzigen Maßstab. *Geschriebene Sätze*, seien sie wahr oder falsch, werden irrerweise wieder lediglich als *authentischer Ausdruck* von einzelnen physisch nachweisbaren Personen aufgefasst und nicht mehr als das unpersönliche Sachliche begriffen, das sie sind: als Ausdruck von Verhältnissen, Vermittlung. Hier stehen sich keine Texte mehr gegenüber, deren Urheber und ihre Gefühle nicht weiter von Belang sind, sondern es wird von vornherein eine Personality-Soße über jeden Beitrag im Netz gegossen. Nicht Auseinandersetzung über Sachverhalte, Gedanken, Einschätzungen, Werke, sondern Gerede über *Menschen*, also *Tratsch* etabliert sich. Das endet darin, dass die Profis dieser Disziplin gewinnen: die Trolle, Hater, diejenigen, die das Getratsche auf die Spitze treiben – qua Beleidigung. *Succesfull troll is* nun einmal *successful*.

So ist auch auch der Wahn, die Trolle seien des Volkes Unglück und müssten bekämpft werden, nicht konsequent durchzuhalten: Legitime, also staatstragende Trolle wie die inzwischen zum Aufdecker von (hauptsächlich in Russland, China und der Türkei, also den Konkurrenzländern des BRD-Imperialismus und EU-Nationalismus entdeckten) gesellschaftlichen Missständen hochgeschriebene Comedy-Flitzpiepe Jan Böhmermann oder das sich seit einem halben Jahrhundert auf Soziologie-Erstsemester-Level befindende deutsche Narzissten-Elend namens Satire werden selbstverständlich allseits hochgeschätzt. Es geht ihnen, wie sich zeigt, nicht um die Form (»Trollerei«, Unverschämtheit« usw.), sondern um den Inhalt, der in solchen Formen transportiert wird. Solange die bürgerliche Einrichtung des Betriebs, seine Ideologie zwischen Linksliberalismus und Rechtsliberalismus, gefördert und abgenickt wird, haben weder liberale Diskriminierungs-Kritiker noch linksradikale Demo-Aktionisten oder berufskritische Feuilletonisten irgendwas gegen diese einzuwenden. Bekämpfenswert finden sie diese immer erst, wenn es – z. B. auf Twitter – gegen sie selbst geht. Schwer tut man sich daher natürlich auch mit der Unterscheidung von Phänomenen wie *shitstorms*, Bedrohungen und Trollerei, welche dann in einigen Fällen, wenn es nur gegen die richtigen, also die der aktuellen liberalen Moral von *Pro-EU, Kontra Totalitarismus, Putin-ist-sehr-gefährlich* entgegengesetzten geht, doch wieder in Ordnung oder »wichtig und richtig« seien: Nach Bedarf wird das alles in einen Topf – *Hass* – geworfen, wenn es einem gerade recht kommt. Man selbst war immer irgendwie, durch leidige Umstände, zu Schlechtem gezwungen. Die anderen hingegen machen alles immer nur aus purer Bosheit.

Wenn also der Troll (bei gleichbleibendem Niveau) eine eigene Fernsehsendung hat, wird er zum Satiriker geadelt. Wenn der Hater seinen menschenfeindlichen Stuss in einer Zeitung verbreitet, nennt man ihn Springer-Leitartikel-Schreiber.

Der gute Mensch vom Web 2.0

Natürlich vermögen in Gesellschaften, in denen liberale Ideologie herrscht und die daher aus einer ungeheuren Ansammlung von Vereinzelten und Verwahrlosten bestehen, sich sehr viele Leute nicht an Freunden oder Familien zu erheitern, mit denen sie ihre privaten Alltäglichkeiten austauschen könnten. Diese Isolierten haben das Bedürfnis nach einer gewissen zwischenmenschlichen Wärme, nach Nettigkeit. Nun meinen einige von ihnen, eine solche könnten sie ausgerechnet im Internet finden. Tragischerweise bedienen sie sich deshalb der Sozialen Medien, wo sie sich dann z. B. ganz engagiert über Politik echauffieren oder Bilder von ihren Autos, Meerschweinchen, Kindern, Mahlzeiten usw. posten können. So wird ihnen das diffuse *Existieren* in den *Sozialen Medien* zum eigentlich *Sozialen*. Das Medium, die Vermitteltheit durch Sprache und Bild verschwindet, wird weggelogen. Für diese Menschen gibt es kein Netz der *Vermittlung* mehr, nur noch eines der *Menschen*.

Das Flüchtige wird den Social-Media-Usern zum Substanziellen. Das hat brachiale Folgen: Den tagtäglich mit einer Attitüde des stolzen Selbstzweifels abgesonderten schönseelischen Jammer müsste man nicht weiter beachten, wenn er nicht inzwischen *fließend überginge* in gültigere Formen des Meinungs- und Personality-Zirkus wie die des Journalismus. Aus spontan reingekotzten Befindlichkeits-Postings werden Zeitungsartikel. Aus Privat-Erörterungen offiziöse Meldungen. Aus dem familiären, unterm Gesetz der Freundschaft und des Nepotismus stehenden Facebook-Geposte werden irgendwann »Debattenbeiträge« zusammengeschustert. Und so sind nicht nur die linken Publikationen schon jetzt fast völlig zugemüllt mit ziellosem, subjektivistischem Geblödel, das seine Premiere einige Wochen zuvor auf Facebook oder Twitter hatte. Der schale Plunder von gestern – schon morgen in Ihrer tageszeitung. Mussten die Presse-Erzeugnisse früher noch als Abladeplatz für Gedankenmüll herhalten, der in die politischen Geschehnisse einzugreifen pflegte, sind sie heute das Endlager für recyceltes Social-Media-Kauderwelsch von vorletzter Woche, das im erweiterten Bekanntenkreis outcallen wollte. Die geistige Provinz reicht nun bis in die überregionalen Blätter. Die vereinzelte private Dummheit wird zur öffentlichen, massenhaft gedruckten Schweinerei, zur Schmähung der Vernunft – aber, und das ist das Eklige – im *Kostüm* der Vernunft.

Die einzelnen sozial vernetzten Beiträger zu diesem Müllberg mögen dabei selber dem Glauben anhängen, sie sagten bloß ihre Meinung, welche in einem Land der Meinungsfreiheit auch gedruckt werden könne. In Wahrheit erfüllen sie damit genau die ökonomischen Vorgaben der Presse-Monopole, die einfach den billigsten Dreck vom Markt, nämlich das zwischen Tür und Angel in den Sozialen Medien zusammengeklöppelte Textgerümpel von Amateur-Statementverfassern aufkaufen, um sich die Kosten zu sparen für feste Redakteure, die noch die Zeit und Muße hätten, zu recherchieren und etwa sachkundig Texte abzufassen.

Der Social-Media-Journalismus, was auch seine Form, ist eine wesentlich kapitalistische Maschine, Einrichtung der Kapitalisten, der ideelle Gesamt-Medienmonopolist.

So sind inzwischen kaum noch Unterschiede zwischen Privatgelaber, *think pieces*, Drunterkommentaren, Familiengruppen-Schmunzelpostings, Tweetketten, freien journalistischen Beiträgen, Feuilleton, Facebook-Glossen, Philosophie, Wissenschaft usw. auszumachen. Öffentlicher Raum *und* Privatsphäre sind verschwunden in der Jauchegrube des medial vernetzten Zwischenmenschlichen. Zeitung und Zwiegespräch sind eins geworden: eine einzige Boulevardpresse-Apparatur mit freiwilligen Hobbyreporter-Knechten, die jederzeit bereit sind, überall enthemmt ihre Verblödung zu verbreiten. Statt nachzudenken, wird fröhlich gepostet. Für viele, zu viele wird diese Klatsch- und Tratsch-Welt zur einzigen Welt, die Sozialen Medien zum einzigen Sozialen im Leben, zum *Ersatz* für ein solches.

Denn bereits die Annahme, es handele sich um *soziale* Medien, ist der Fehler; die Isoliertheit des Netzmenschen wird dadurch nur verstärkt. Diese Medien des angeblich Sozialen sind eine Impfung *gegen* das tatsächliche Soziale, das selbstverständlich in der physischen Außenwelt und nicht bei Facebook stattfindet. Je fortgeschrittener die Existenz im Netz, desto fremder wird dem User das Soziale.

Symptom dieses Treibens ist der *Hass.*

Dieser ist der auffälligste Indikator dafür, dass da was faul ist.

Der Hass kommt in diesen Zusammenhängen folgerichtig auf als Praxis derer, die ahnen, dass der Drastik des Welthorrors nur mit entsprechender Drastik und Deutlichkeit der *Darstellung* und Vermittelns dieses Welthorrors beizukommen ist.

Denn das Netz der Sozialen Medien hat längst die physische Welt verändert. Wo immer *öffentliche Räume*, oder solche, die einmal öffentlich waren und Wirklichkeit adäquat abbildbar und erfahrbar machten, zu *privatwirtschaftlichen* Unternehmungen umgewandelt werden, wird es Leute geben, denen das nicht behagt. So erst, durch Exklusion, durch Abschaffung von Öffentlichkeit mittels Online-Foren, Twitter, Facebook, TikTok, Instagram etc., also den durch Milliardenanstrengungen von Großkonzernen privatisierten und zerschlagenen Ex-Öffentlichkeiten, entsteht der Troll und sein Hass und die verzerrte Wahrnehmung der Welt im Netz.

Das Internet wurde mit der Vorherrschaft der Prinzipien von Social Media zur Sammelstelle von eingeforderten Nettigkeiten, zur Mischung aus Schwarzem Brett, Werbefernsehen und Partnerbörse. Die privaten Cliquen stellten sich werbend vor allen zur Schau, erweiterten sich daraufhin – seitdem geht es nur noch um die Ehre des Rudels, der Bubble. Freilich stört dort nun jeder, der sich nicht den Sippengesetzen unterwirft und dem es noch um Inhalte geht. Das Beharren auf Inhalt wurde zur *sozial unangebrachten* Handlung. So muss nicht mal wirklich hassen, wer für solcherlei Vergehen schon in eine Reihe mit Serientätern und Psychopathen gestellt wird; es reicht das Ansprechen eines Inhalts in unpassendem Umfeld, um als toxischer Sozialklima-Verpester zu gelten.

Doch im Sozialen Netz ist jedes Umfeld unpassend, wenn es um Inhalt geht.

Schon die Entwicklung eines simplen kritischen Gedankens findet im Social Web statt unter sozialer Kontrolle des Freundeskreises, der Familie, des Dorfes, der politischen Community, der Arbeitskollegen, also derjenigen, die Kritik ja treffen soll. Es ist dann kein Wunder, dass, wo die Produktion von Gedanken unter dem Schmunzel- und Nettigkeits-Imperativ des kollektiven Brainstormings stattfindet, ein Denken entsteht, das sich vor jenem sozialen Gefüge, welches es einstmals in ernste Bedrohung bringen sollte, rechtfertigen muss. Der Textdreck, der sich da so selbstverständlich Kritik nennt, wird schon in der ersten Entstehungsphase *peer reviewed* und ist bereits Müll, bevor er vollendet ist.

Dazu gesellen sich dann die Gesetzesmaßnahmen der Bundesregierung, für welche man sich als an Gesellschaftsvergiftung, an Revolution Interessierter auch bei den linksliberalen und emanzipatorischen Hassgegnern – die beide längst zu einer Bubble linker Marxismus-Verhinderung verschmolzen sind – bedanken kann: Wenn Pöbeln auf Twitter jetzt mit bis zu fünf Jahren Gefängnisstrafe sanktioniert werden kann, dann ist die Botschaft klar: *»Haltet die Fresse, Unterdrückte dieser Erde!«* Nicht nur Selbstzensur wegen Bedenken, beim Posten eventuell gegen neue Netzgesetze zu verstoßen, sondern auch der notwendig aus solchen Gesetzen resultierende vorauseilende Gehorsam der Social-Media-Betreiber, also jener mit dem Meinungsmüll das große Geschäft machenden Großkonzerne, massenweise Kommentare zu löschen, ist nichts anderes als eine neue, moderne Form der Zensur – und zwar eine, die nicht mehr auf Grundlage übersubjektiver Überprüfbarkeiten, sondern auf Basis des in Gesetze gegossenen subjektiven Empfindens von Mitmenschen (»So kommt es bei mir an«) ins Werk gesetzt wird. Berufung auf Gefühle, das sind die *Fake News* der ganz naiven Kerle.

So muss man dem Projekt *»no hate speech«* der Bundesregierung vollen Erfolg bescheinigen: Inzwischen werden komplette User-Profile von Facebook mit der Begründung »enthält Hatespeech« gelöscht, obwohl dort nur Tierbilder zu sehen waren. Wo der Verdacht des Hatespeech, der Beleidigung, Überhand nimmt, sind dann immerhin auch die Hassbekämpfer mit ihrer Selbstverniedlichung oder ihrem nur schlecht durch Ironie übertünchten Hass betroffen, und die List der Vernunft triumphiert einmal mehr.

Öffentlichkeit, Presse, Pöbel

Öffentlichkeit im Kapitalismus war stets mehr Mythos als Wirklichkeit: Private Presseunternehmen sind nicht öffentlich. Sie bilden jene Abteilung des deutschen Großkapitals, die für die gedruckte Werbung fürs bürgerliche System zuständig ist und nun mal hundert Prozent des Printmarkts innehat – es gibt in kapitalistischen Ländern keine öffentlich-rechtlichen, also öffentlichen, objektiv informierenden Zeitungen. *Alle* sind werbefinanziert, also vom Kapital und dessen Interessen nicht bloß »abhängig«, sondern überhaupt erst von eben diesem in die Welt gesetzt. Ein Presseerzeugnis, das keine Werbekunden hat, also nicht dem Kapital gehört, ist bloße Fantasy. So überhaupt erst gelang die sogenannte Pressefreiheit als eine Art Grundrecht in die westliche Welt: Es ist die unbedingte Freiheit des Kapitals, mit Verblödung Profit machen zu dürfen. Man vernimmt heute solcherlei nüchterne Feststellungen *über* die Öffentlichkeit *in* der Öffentlichkeit eher selten, weil ein Gutteil dieser Öffentlichkeit gerade in diesem Pressewesen begründet liegt, und dieser wohl kaum zuzumuten ist, sich selbst ad absurdum zu führen.

Das Pressewesen ist zum überwiegenden Teil direkt das Eigentum großer Medienkonzerne mit Quasi-Monopolstellung. Entsprechend sind die Grundlinien der Öffentlichkeit, ihr kapitalistisches Ethos vorgegeben und unantastbar. Daher muss heute das Web aushelfen, damit – privater – Journalismus demokratischer – also öffentlicher – Kontrolle unterzogen werden kann. Die Sozialen Medien und Blogs wie das *bildblog* sind dabei so etwas wie die gemeinnützigen *Tafeln* der Medienwelt. Sie tun freiwillig, was der Staat nicht zu leisten vermag, und sie tun das leider ziemlich schlecht. (Ihre Mittel dazu sind nämlich die ihrer Gegner: Panikmache, Skandalisierung, Aufbauschen von Banalem. Es sind das notwendige Mittel innerhalb des Kapitalismus.) Doch im Gegensatz zu den Politikern, die mit der sie kontrollierenden Presse umzugehen gelernt haben, finden die Journalisten immer einen Weg, die Kontrolle oder Kritik an *ihnen* zu delegitimieren.

Früher musste Kritik nicht ernstgenommen werden, indem man sie der Lächerlichkeit der Leserbriefseite preisgab oder einfach darauf verwies, sie stamme von einem Kommunisten. Heute, wo es die selige Sowjetunion nicht mehr gibt, müssen Trolle herhalten. Im Ernst sprechen Knechte des BRD-Kapitals schon großflächig von »russischen Trollfabriken«. Wo die Argumente fehlen, wird der sonst in Demokratien so geschätzte Kontrolleur, Polemiker oder Kritiker einfach zum Troll, Hater oder direkt zum Verschwörungstheoretiker gestempelt, als sei nicht schon die gesamte liberale Presse eine Veranstaltung von Trollen und als handelte es sich bei all dem Gegrunze im Social Web nicht ohnehin nur um den »Kampf doof gegen doof« (Clara Drechsler), Hass gegen Hass, Troll gegen Troll, also verdummte Macht gegen verdummte Ohnmacht.

Die *grundlegendste* Provokation, die *tatsächliche* Trollerei – die im Mantel des heiligen Ernstes und edlen Engagements – stellt in Wahrheit die Normalität der bürgerlichen Öffentlichkeit und all jener ihrer Verteidiger dar, die sie für die menschenverachtenden Zwecke des Liberalismus ausschlachten.

Die bürgerliche Gesellschaft, merkt man, ist nicht fähig oder willens, sich selbst eine gesittete Öffentlichkeit einzurichten. Prekär wie sie ist, findet sich nur schlechter Ersatz. Sie kann es aber mit all dem bemühten Demokratie- und Meinungsfreiheits-Gekasper auch nicht einfach bleiben lassen, weil sie zumindest auf die Imitation solcher »Werte« *angewiesen* ist, um ihren Laden zusammenzuhalten. Dieses Schauspiel zu unterlaufen, ist objektive Aufgabe von Trollen, Hatern und sonstigen hassverbrecherischen Kritikern.

Die liberale Netz-Öffentlichkeit ernstzunehmen, bedeutet nicht, auf ihre selbstdarstellerischen Propaganda-Floskeln hereinzufallen, sondern sie auf eine Weise herauszufordern, die sie zwingt, sich zur Kenntlichkeit zu entstellen und ihre Funktion als Hampelmann des Großkapitals offen darzulegen.

Linker und rechter Hass

> *»Und der unsterbliche Pöbel zeugt den unsterblichen Haß«*
>
> (Fritz Mauthner, Hypatia)

Wenn der damalige, betont antiautoritär-linksliberale Chefredakteur des *Neuen Deutschlands,* Tom Strohschneider, anlässlich der Terroranschläge in Paris im November 2015 – nicht etwa in der *Bild*-Zeitung, sondern in der selbsternannten *»sozialistischen Tageszeitung«* – schreiben konnte, »auf gewisse Weise« seien »die Hass-Twitterer und die Matusseks dieser Welt die besten Helfershelfer der Terroristen«, weil »beide ein Geschäft mit der Angst betreiben, in dem der Tod von Menschen eingepreist ist, und das dazu dienen soll, einen erreichten Stand gesellschaftlicher Zivilität zu unterminieren, den man zwar für unzureichend halten kann«, welcher »aber verteidigt gehört gegen den Rückfall in barbarische Zustände. Vive la liberté« (14. November 2015), dann lässt sich daran hervorragend sehen, wie stark die Hirnfäule einer demokratischen, nur noch in Kategorien naiver Skandalisierungen von Harmlosigkeiten denkenden Öffentlichkeit geraten ist, die solch eine Terror-Bagatellisierung und Gleichstellung physischer Gewaltakte mit popeligen Beef-Tweets als selbstverständlich hinnimmt und die Twitter-Pöbeleien als den Beginn von Terror und Massenmord darstellt.[26]

Die Assoziationskette deutscher Journalisten und ihrer Politiker geht etwa so: Am Anfang steht (1.) Hass im Netz, dann folgt (2.) Radikalisierung durch Tweets, und am Ende stehen (3.) Mord und Totschlag. Es ist dasselbe Muster, mit dem von Reaktionären schon gelegentliches Kiffen als »Einstiegsdroge« zu härteren Drogen verteufelt wurde, als wäre der erste Joint nur die Vorstufe zum Heroin-Tod auf der Bahnhofstoilette. Jede pointierte, übertriebene, zynische oder polemische (»satirische«) Äußerung in den Sozialen Medien müsse – zumindest wenn sie von nicht geheuren, als noch nicht durch staatlich beglaubigte Suppenkasperei zu Prominenz Gelangten stammt – unterbunden werden, sonst stehe die Machtergreifung der Hater-Verschwörung bevor, als hätte es in den Zeiten ohne World Wide Web keine Terrorakte und Tötungsdelikte auf der Welt gegeben. Es ist dasselbe begriffslose Gejammer wie damals bei Goethes Werther. Immer soll an gesellschaftlichen Verheerungen die Kunst (oder auch: die Technik) Schuld sein, nie die Gesellschaft.

Doch *den Worten folgten Taten*, jauchzen die liberalen Ahnungslosen. Ganz gewiss folgen Worten Taten. Aber sie *folgen* ihnen lediglich; sie sind nicht deren *Ursache*, allenfalls ihr *Anlass* – also Symptom –, wie jedes andere Ereignis Anlass für Gewalt sein kann.

Die gesellschaftlichen Instanzen, die für das Besorgen von harmlosen Ansichten über die materielle Realität zuständig sind, nutzen das Gerede von den Worten, auf die Taten folgten, liebend gern als Ausrede: einerseits, um Menschen mit politischen Ansichten, die etwa an dieser materiellen Realität etwas ändern könnten, in die Schranken zu weisen. Andererseits, um von den gesellschaftlichen Ursachen, also der Verantwortung dieser materiellen Realität und ihrer politischen Verteidiger, abzulenken. Das Geschwätz von Taten, deren *Ursache* – ernsthaft – *Worte* wären, welches zuverlässig immer dann von Politikern, Polizeichefs, durch Talkshows tingelnden Schauspielern und linksliberalen Ermahnungstanten mit Doktortitel angestimmt wird, wenn etwa über Armut, Elend, soziale Desintegration, systematische Ausbeutung und andere kapitalistische Schandtaten geredet werden müsste, entsteht aus einem Meinungsbrei, den die Anrührenden selbst nicht durchblickt haben können.

Denn sonst ist bei denselben Volksaufklärungs-Experten üblich, mit gewissem Mitleid auf Geisteswissenschaften, Schriftsteller, Denker, Philosophie herabzublicken: Das Geschäft dieser Menschen wären eh *»bloß Worte«*, man habe es da mit Träumern, mit Idealisten zu tun, die sicher ganz interessante Ansichten hätten, welche aber im Alltag, in der Realität bedauernswerterweise keine Rolle spielten. Sie sollten mal herabsteigen von ihrem hohen intellektuellen Ross und sich im schnöden Alltag beweisen, wo das Leben konkret ist. Nun aber, wo dieser angeblich doch so harm- und folgenlose Quatsch der bloßen sprachlichen Zeichen im Netz recht energisch auftritt, wird er – der Teufel weiß warum – als Ursache realer Gewalttaten zur Gefahr des Abendlandes schlechthin herausgeputzt. Man muss nicht von allzu viel Weltkenntnis getrübt sein, um das als ganz einfachen bürgerlichen Trick zu erkennen, mit dem sich auf Formelles (Hass in Worten) stürzt, wer den Inhalt (Politische Ökonomie) scheut.

Dem Liberalismus und seinen willfährigen Vollstreckern ist dabei ein Hassbegriff zu eigen, der völlig stur und in Absehung der literarischen und künstlerischen Tradition, »Hass« gleichsetzt mit reaktionärer Wüterei, also den Rechten ein Monopol auf Hass einräumt, während er den Linken keinen solchen zugesteht.[27] Das könnte schließlich Klassenhass und damit auch Klassenkampf bedeuten und ernsthaft was ändern. Sowas kann man nicht wollen als Bourgeois-Sozialdemokrat. Linke haben nett zu sein, sonst sind sie rechts. Diese Kurzschlussreaktion zeigt nur, wie sehr das selbstauferlegte Hassverbot diese Menschen schon verblödet hat.

So wird das *rein Formale* von Kommunikations- und Artikulationsweisen, das Schmähen, Beleidigen, Spotten – »Hassen« –, von diesen Liberalen, Sozialdemokraten und leider auch ihrem linkeren Anhang aus den »radikaleren« (also: kindischeren) Subkulturen zu einem *rechten Inhalt* ontologisiert – als habe der Faschismus das alleinige Recht auf klare

Worte – und mithilfe des Vokabulars von Seelenkundlern gesellschaftliche Phänomene zu individuellen, zu solchen des Hasses, verdreht. Der Artikel von Tom Strohschneider etwa trägt den Titel: »Das Grinsen des Herrn Matussek«. Damit spielt er an auf ein Buch des Psycho-Philologen Klaus Theweleit: »Das Lachen der Täter: Breivik u. a. Psychogramm der Tötungslust«. Theweleit ist seit mehreren Jahrzehnten dafür bekannt, gesellschaftlich produzierte Phänomene wie die durch bürgerliche Klassenherrschaft in Betrieb gehaltenen politischen Mittel Gewalt und Krieg zu fassen zu suchen, indem er mittels Blick in rechte Belletristik eine mit dem begrifflichen Instrumentarium der Kinderpsychologie ausgestattete Wühlerei in den Seelen der von dieser Gesellschaft zugerichteten Individuen veranstaltet und dies dann zu einer »emanzipatorischen Theorie« kultiviert, welche sich auch bei Linken mit Hang zum einfachen Weltbild großer Beliebtheit erfreut, weil sie das Bedürfnis stillt, gesellschaftliche Probleme in psychologischer und moralischer Faselei aufzulösen und damit die Illusion nährt, es ließe sich systemimmanent, also ohne Revolution, irgendwas ausrichten. Das Gerede vom Hass im Inneren der Individuen, der für gesellschaftliches Gewaltgeschehen verantwortlich sei, baut auf solch reaktionärem Schwachsinn auf.

Jene hingegen, die immerhin zu unterscheiden vermögen zwischen rechtem und linkem Hass und dabei den rechten für »gefährlich« (nicht etwa für die von Rassismus Bedrohten, sondern für »die Gesellschaft«) halten, sind ebenfalls nicht mehr zu retten: Wer »rechten Hass« im Ernst für eine analytische Kategorie hält, die mehr mitteilt als intellektuelle Selbstbeschränkung und den eigenen Unwillen, gesellschaftliche Gewalt- oder Radikalisierungs-Entwicklungen als solche zu erkennen, und sie stattdessen einfach zu einer Frage des individuellen Emotionshaushaltes verniedlicht, ist nicht mehr bei Trost – also in der Regel liberaler deutscher Journalist. Nicht jene als »rechter Hass« verallgemeinerten und verfälschten mannigfachen Phänomene zwischen gelangweilten Jugendlichen auf Twitter und terroristischen Serienmorden des »Nationalsozialistischen Untergrunds« bringen faschistische Gewalt hervor, sondern der »fruchtbare Schoß« (Brecht) der bürgerlichen Gesellschaften etabliert einen Gewaltzusammenhang, dessen eines Symptom unter vielen der sogenannte rechte Hass, also: Faschismus wiederum repräsentiert.

Es ist natürlich folgerichtig, dass das Pöbeln im Internet zum Volkssport wird in Gesellschaften, in denen zwar öffentliche Steinigungen, Hexenjagden, Gladiatorenkämpfe usw. abgeschafft wurden, aber eben immer noch ein Pöbel existiert, der sich an solcherlei Veranstaltungen sein Mütchen kühlen mag, weil zwar das Ersetzen der Hexenjagd durch die *Bild*-Zeitung und der Gladiatorenkämpfe durch Fußballspiele seinen Teil beizutragen vermag, aber eben nicht restlos die zivilisatorischen Lücken im Geflecht des Liberalismus füllt.

Hassverbote und Hassgebote

Der sonst so vehement abgelehnte bürgerliche Staat und seine juristischen Kategorien kommen nun seinen angeblich radikalen Bekämpfern ausgerechnet bei der politischen Propaganda im Netz ganz gelegen: Stalking, Belästigung, Hassrede, *Hate Crime* etc.: ein munteres allgemeines Beschuldigen und Messen an subjektiven moralischen Maßstäben ersetzt oben wie unten, links wie rechts das Denken. So werden von eben jenem Staat schärfere Gesetze gegen die als Hassverbrecher Ausgemachten gefordert.

Die Grenze zum Wahnsinn ist längst überschritten, wenn davon geredet wird, Hass zu *verbieten*. Denn Hass, ebenso wie Liebe oder andere Emotionen, lässt sich nicht verbieten, sondern höchstens seine Äußerung. Angenommen, das wird getan: Wohin dann mit dem Hass, wenn nicht nach außen? Irgendwo muss er hin, aber die Hassverbieter halten sich da bedeckt. Man kann den Hass nicht aus der Welt schaffen. Er ist da, und er wird sich andere Ventile suchen. Er muss das, weil seine gesellschaftlichen Springquellen da sind. Will man ihn weghaben, muss man diese Quellen austrocknen.

Bei dem ganzen Theater soll der Unterschied verwischt werden zwischen blöden Sprüchen und physischer Gewalt, zwischen alberner, meinetwegen geschmackloser oder unfairer Trollerei und faschistischen Verbrechen. Alles wird zu einem Brei von »Hass« und »Gewalt«: Pöbeln im Internet, Mülltonnen anzünden, Prügelei, Mord, Totschlag, faschistische Propaganda, sozialistische Propaganda. Überhaupt ist nichts so heruntergekommen wie der bürgerliche Gewaltbegriff. Die als linker bzw. rechter Hass interpretierten Vorgänge werden totalitarismustheoretisch zu einer Sache – *Hass* – eingeebnet. Auf diesem Boden lässt es sich dann sehr bequem belehren, denn freilich braucht, wer genügend Behelligungs- und Bestrafungsmöglichkeiten hat, nicht mehr zu hassen. Das Ganze ist lediglich Funktion von ohnehin obwaltenden wirtschaftlichen Prinzipien.

Es liegt im Sinne des alltäglichen Geschäfts von freien Journalisten und anderen Social-Media-Protagonisten, in ihrem ganz akuten materiellen Interesse, nicht angegriffen zu werden, während sie selber ständig angreifen, »kritisieren«, »kontrollieren«. Das Geschäft dieser sich selbst zur Kontrollmacht über irgendwelche Tugenden ernannt habenden Berufsgruppen kann nur weiterlaufen, wenn sich keine Konkurrenz meldet, welche wiederum ihrerseits irgendwelche Tugenden kontrollieren will. Jetzt aber, durch die Sozialen Medien, erhalten *Bild*-Zeitung und Co. Pöbelkonkurrenz von unten, und den Springerknechten wird der Spaß verdorben. Das darf natürlich nicht sein, da kommt einiges an liberalen Selbstverständlichkeiten ins Wanken, und deshalb muss politisch ausgeholfen werden.

4. Meinung und Medien

Meinungsfreiheit: Zur Grundlage des heutigen Medien-Irrsinns

> *»Freedom of speech won't feed my children«*
>
> (Manic Street Preachers)

Gewiss ist der Traum von der Meinungsfreiheit zunächst mal ein höchst angenehmer, und Jugendliche, die ihr Leben im Kapitalismus zuzubringen gezwungen sind, werden ihn weiterhin träumen wollen. Dabei handelt es sich jedoch um einen bloßen Traum. Die schiere Behauptung, er wäre Wirklichkeit, macht ihn auch nicht realer. Sicherlich gibt es auch einen Haufen von Erwachsenen, die an ihn glauben und dafür gut entlohnt werden. Aber zum Beispiel als Marxist weiß man aus eigener Erfahrung, dass die Meinungsfreiheit in liberalen Demokratien ein Traum bleiben muss und eben wirklich nur Teil einer Promo-Kampagne für die Marktwirtschaft ist, weil sich die Wörter Presse- und Meinungs*markt*, die beiden korrekten Übersetzungen für Presse- und Meinungs*freiheit*, furchtbar kalt und ungemütlich anhören und die etwas schlaueren linken Liberalen dann vielleicht doch irgendwann darauf kämen, dass Markt immer bedeutet, der ökonomisch Stärkere übermannt den Schwächeren, dass also »die herrschende Meinung [...] die Meinung der Herrschenden« (Marx/Engels) ist, d.h. notwendige Monopolbildung, Monopolbildung über die Inhalte des Bewusstseins der Massen stattfindet.

Denn etwa in jenem Moment, in dem ein Kommunist größere Bühnen der bürgerlichen Öffentlichkeit zu betreten trachtet, war es das mit der Meinungsfreiheit. Man hat dagegen eigens einen Geheimdienst – den Verfassungsschutz. Das Geplapper von Presse-, Meinungs- und sonstiger Freiheit ist nur ein bürgerliches Instrument im Klassenkampf, das dazu dient, die Ausgebeuteten, die Arbeitenden, die Kommunisten davon abzuhalten, ihre Position auch nur zu vertreten – von deren politischer Verwirklichung ganz zu schweigen.

Wiederum ließe sich von liberaler Seite behaupten, es gäbe heute durchaus eine Freiheit der Meinung, nämlich wenn man davon ausginge, dass Meinung nichts anderes als Vermutung bedeutete. Selbst dann würden zwar noch einige der möglichen Vermutungen nicht zugelassen, aber immerhin: Es gäbe dann das Recht, seine Vermutungen jederzeit frei äußern zu dürfen (mit den entsprechenden sozialen Konsequenzen, die das hat: der ökonomisch schwächer Gestellte wird etwa bei Äußerung einer nicht so geläufigen Vermutung bzw. Meinung entsprechend sanktioniert werden). Mit der Folge, dass die Vermutungen der Besitzenden, also die Ansichten – d.h. die *Interessen* – des Kapitals automatisch diejenigen sein werden, die sich durchsetzen – Markt halt.

Dagegen erinnert der Marxismus daran, dass es nicht darum gehen kann, die Freiheit der Meinung zum höchsten geistigen Gut zu erheben, sondern die *wissenschaftliche Belastbarkeit von Urteilen*. Denn es *kann* eine Meinungsfreiheit, aber es *darf* keine Urteilsfreiheit geben: Meinungen sind rein subjektiv, Urteile sind gebunden an Objektivitäten – das macht das Urteilen so schwer und die Meinung so beliebt. Das Problem aber ist, dass heute Meinungen in der Öffentlichkeit als Urteile auftreten und auch behandelt werden, als wären sie welche. Der Richter, der Urteile fällt, ist auf das Gesetz festgelegt; er darf nur auf dessen Grundlage und in dessen Rahmen seine Urteile ergehen lassen. Niemand ließe es einem Richter durchgehen, sich bei seiner Urteilsverkündung vorm hohen Gericht auf seine Meinungsfreiheit zu berufen. Aber viele der Meinungen, die heute – und nicht nur in Boulevardmedien – verbreitet werden, haben ähnliche Folgen wie ein Richtspruch. Denn sie ergehen, mit großer Macht, über einzelne Personen. Nun schrieb ich gerade vom *geistigen Gut*, das die Meinungsfreiheit für viele darstellt, für die (Links- wie Rechts-) Liberalen allemal – doch ist es bloß ein geistiges; die Gesetze des vor allem subjektiven Geistes sind nicht bestimmend über eine gesamte Gesellschaft und die Organisation ihrer Informationsverteilungsstrukturen, also: die Medien. Sie können *ein* Element unter anderen sein, aber bei weitem nicht das einzige. Doch genau das ist es, was die Freunde und rücksichtslosen Verteidiger der Presse- und Meinungsfreiheit heute tun: Sie verabsolutieren dieses einzige Prinzip – das der Meinung. Sie machen sich damit zu Parteigängern einer partikularen Moral, die aber – und das ist das niederträchtige – universalen Anspruch erhebt, und werden dann ganz bockig, wenn man sie daran erinnert, dass ihr Pluralismus ein Partikularismus von Zufälligkeiten, eben: Meinungen, Produkten von Marktmechanismen ist und ihre gesamte Gesellschaftsordnung auf diesem Quatsch aufbaut. Und bemerkenswerterweise sind es jene, die sie daran erinnern, welche als dogmatische Betonköpfe oder ideologisch Verblendete bezichtigt werden, obwohl sie es selbst sind, die ideologische Borniertheit pflegen und das Dogma der Meinungsfreiheit wie des Pluralismus vertreten.

Die Meinung ist die beliebteste Form der Positionierung und Diskursteilnahme, weil sie jedem gestattet, jeden Unsinn einfach in die Welt zu kübeln, ohne dafür zur Verantwortung gezogen zu werden – es war ja bloß eine Meinung. Schön und gut. Doch eine Gesellschaft, die die *Freiheit* dieses Irrsinns, also die Meinungsfreiheit, zum obersten Prinzip, zum Dogma erhoben hat, kann keine gesittete mehr sein, sondern muss Pöbelherrschaft werden. Der Pöbel hat nun beschlossen, dass er das ganz prima findet und praktiziert im Internet, was seine großen Vorbilder in Politik und Wirtschaft für ihn erkämpft haben. Nur leider erfährt er gleichzeitig, dass *seine* Form der *Meinung* plötzlich nicht mehr als solche gilt, sondern sich über Nacht in »*Hass*« verwandelt hat. Das macht ihn zurecht stutzig und lässt ihn ebenso zu Recht annehmen, hier werde mit zweierlei Maß gemessen.

Der Verfasser spricht sich hier nicht dafür aus, etwa noch *hinter* die Meinungs- und Pressefreiheit zurückzugehen. Sondern er ist der durch begriffliche Einsicht gewonnenen Überzeugung, dass *über diese hinaus* gegangen werden *muss*, wenn man es mit dem Wohle der Menschheit ernst meint und selbst, wenn man auch nur die Substanz liberaler oder bürgerlicher »Werte« zu sichern gewillt sein sollte. Es sind sogar noch diese liberalen Werte, die letztlich unter der Last des Chaos einer verabsolutierten Pressefreiheit erodieren, ohne freilich dass die Liberalen und Verteidiger der Pressefreiheit davon zur Zeit viel mitbekämen. In der BRD gab es noch bis Mitte der achtziger Jahre in TV und Rundfunk keine solche Pressefreiheit, die heute als so selbstverständlich gilt. Es gab lediglich staatliches Fernsehen, Privatsender waren verboten. Trotzdem wäre niemand auf die Idee gekommen, die BRD sei deshalb ein Unrechtsstaat, in welchem keine Meinungsfreiheit existierte, nur weil nicht jeder Konzern seine eigene TV-Quasselbude aufmachen konnte. Es war offensichtlich, was man am Verbot von privatkapitalistischen Unternehmungen in der informationsverarbeitenden Industrie so hatte: Einer Mehrheit war schon klar, dass solche Verbote ein zivilisationsbewahrender Schutz der Bevölkerung vor den Zumutungen der Markt-Propaganda und des Werbe-Terrors waren.

Heute aber *existiert* die Meinungsfreiheit nicht einfach, sie *herrscht*. Herrschaft der Meinungsfreiheit nun bedeutet wiederum, dass nicht Kriterien der Vernunft das gesellschaftliche Leben bestimmen und regeln, sondern subjektive Wahnideen, solange sie Profit abwerfen, zur legitimen Realitätsbeschreibung hochgepäppelt werden.

Die Presse sei ein Organ oder eine Gewalt zur demokratischen Kontrolle der Politik, heißt es. Sehr fein. Nur wo bleibt bitte die demokratische Kontrolle wiederum dieser Presse? Es ist ja nicht so, dass ein Redakteur etwa der *Bild*-Zeitung in irgendeiner Weise demokratisch gewählt wäre oder auch nur die Kenntnisse und Bildung hätte, seiner angeblichen Berufung als Kontrollinstanz nachzukommen. Es gibt nicht mal einen Schutz auf den Titel »Journalist«. Jeder kann ihn sich anheften. Kurz: auf diesem Markt der Meinungen des Journalismus kann so ziemlich jeder alles – eben als »Meinung« – in die Welt blasen. Das ist dann die Freiheit der Medien. Diese aber ist, wenn sie auch nach gewissen Prinzipien der rechtlichen Ordnung funktioniert, nur noch Chaos, setzt man sie als total. Die Freiheit der Meinung endet in Anarchie – und diese ist, was die Bourgeoisie bezweckt, denn in der Anarchie, unterm Gesetz des (ökonomisch) Stärkeren, werden sich ihre Interessen *immer* durchsetzen – egal, wer wo was sagen darf –, weil die ideologische Großwetterlage in die Köpfe reinspült, was gerade an Gedanken benötigt wird.

Einerseits also hat man es mit dem Ungemach der Freiheit der Meinung zu tun, andererseits aber werden Meinungen, wenn sie diesem oder jenem nicht gefallen, einfach zum *Hass* umgestempelt, kriminalisiert mit der Begründung, »Hass« sei »keine Meinung« – was den Hass lediglich ehrt. Schön wäre nun, wenn es da nur Rechte träfe, aber das tut es in bürgerlichen Staaten zwangsläufig *nicht*.

Wenn der Verfasser hier feststellt, die Maßnahmen gegen Hass schädigten die Möglichkeiten des linken Klassenkampfs, weshalb man tunlichst das Recht auf Hass verteidigen möge, hört er schon diejenigen, die dagegen anbringen, der Hass käme ja *auch* oder *vor allem* von Rechten. Das mag sein, aber man verbietet auch keine Demonstrationen oder Parteitage, nur weil auch Rechte demonstrieren und tagen. Vielmehr sollten Linke schon im eigenen Interesse erkennen, dass alles mögliche als *Hass* ausgemacht werden kann, wenn der nach Hass Fahndende nur mächtig genug ist, wie etwa als Bundesminister oder Redakteur des Springer-Konzerns.

Trolle und andere Opfer: Der Hass und die Medien

In liberalen Demokratien gibt es also ein abstraktes Recht auf Meinungsfreiheit, das bis zu einem gewissen Grad auch Beleidigungen mit einschließt. Irgendwo zwischen den Zeilen aller Verlautbarungen des Diskurses dringt doch ins gesellschaftliche Gesamtbewusstsein durch, dass die Frage, wodurch sich jemand beleidigt fühlt, immer auch eine höchst subjektive ist, es sich also nicht wirklich objektiv bestimmen lässt, wer nun unter welcher Äußerung eines anderen wirklich *leidet* oder bloß *vorgibt*, dies zu tun. Außerdem sei laut Gesetzgeber die Schmährede erlaubt; Spott über Personen von öffentlichem Interesse soll gestattet sein.

Auch scheint einigen durchaus bewusst zu sein, dass unter Erzeugungsverhältnissen bürgerlicher Konkurrenz bei vielen ein Bedürfnis existiert, seinem Missmut über Mitkonkurrenten (also so ziemlich allen) Ausdruck zu verleihen und es im Sinne der Gesamtveranstaltung ist, diesem Bedürfnis bis zu einem gewissen Grade nachzukommen.

Immer aber, wenn solcherlei Erlaubnisse gesellschaftlich erlassen werden wie zum Beispiel in Form von Gesetzen, bestimmt auch dort eine Instanz, Klasse oder Person, die von ihrer jeweiligen Warte aus darüber urteilt, was geht und was nicht geht. So kommt es dann dazu, dass der Gesetzgeber – also die Bundesregierung –, dessen gesamte Existenz schon eine Beleidigung für die Mitwelt ist, dann darüber bestimmt, was eine Beleidigung sei und ob es etwa in Ordnung ist, ob irgendein Arschloch irgendein anderes Arschloch als Arschloch betiteln darf oder nicht.

Es ist dies der Wahnsinn demokratischer Öffentlichkeit: Der Rest dessen, was an Öffentlichkeit heute noch vorhanden ist, wird zunehmend privatisiert, und zwar auf zweierlei Weise: erstens von den großen Medienkonzernen wie ihren politischen Vertretungen und zweitens von jenen Resten der Sozialdemokraten und Linksliberalen, die nun das Privatverhalten von einzelnen Individuen ins große Licht der Öffentlichkeit zu zerren trachten, so dass die 68er-Behauptung, das Private sei politisch, insofern wieder fröhliche Urständ feiert, als etwa die gesamte ökonomische und Revolutionslehre von Marx vom Tisch geräumt werden soll, indem auf dessen private Pöbeleien in Briefen an Vertraute verwiesen wird und auch heute die Gedanken, Ideen und Theorien anderer Linker dadurch delegitimiert werden sollen, dass man im Privatleben der Urheber dieser Ideen moralische Verstöße aufzuspüren trachtet.

So gibt es dann irgendwann nur noch eine ungeheure Aneinanderreihung von privaten Einzelblasen, in denen es um persönlichen Tratsch und private Anschuldigungen geht statt um Sachauseinandersetzung auf Basis von objektiven Maßstäben. Aber was wundert's: Wo keine Gedanken *sind*, kann über sie schwerlich geredet werden, und so sucht man sich andere Stoffe: den Privatkitsch. Die Social-Media-Bubbles sind das jugendlichere Pendant zu den 1,20-Euro-Promiblättchen für Kreuzworträtsler über 70.

Trollerei und Hass sind solchen Zusammenhängen angemessen. Denn sie *spiegeln* nur das unsittliche Verhalten derjenigen, die ihre Privatkitsch-Verbreitung zunehmend mit öffentlicher Aufklärung, Kritik oder Journalismus verwechseln. Natürlich sind die Trolle und Hassenden ebenso Auswüchse des allgemeinen Irrsinns. Aber sie scheinen doch wirklich schon eine Stufe weiter: So mag der eine Depressionen, Selbstmordgedanken oder einfach nur kurzzeitig schlechte Laune haben. Er setzt sich an den Rechner, findet Gleichgestimmte im Netz und kultiviert diese, also verdoppelt sie, indem er sie eins zu eins äußert, sich kollektiv suhlt im eigenen seelischen Elend. Diese nennen wir die Netten, die Bekümmerten, die moralisch Satisfaktionsfähigen. Andere wiederum – wir nennen sie die Hater oder Trolle – mögen in ihrem Unbehagen den ersteren gar nicht so fremd sein: Auch sie mögen Depressionen, Selbstmordgedanken oder schlechte Laune haben. Aber der Troll arbeitet diese um, verfremdet sie zu etwas Neuem, stellt damit einen Zusammenhang her, der allen Beteiligten mehr ermöglicht als ohnmächtige Wut auf Basis der althergebrachten Identität, welche den Missmut erst hervorbrachte. Er suhlt sich nicht im Elend, sondern sucht dieses zu transzendieren und damit zu verringern. Letztlich ist dies ein sich gegenseitig befruchtender Prozess, ein systemnotwendiger Widerstreit zwischen zwei in dieser Phase der medialen Produktivkraftentwicklung – deren momentaner Stand kommerzielles Internet mit Kommentarfunktion lautet – notwendig aufkommenden Parteien, der diese Phase alsbald auch zu ihrem seligen Ende führen und den Platz für anderes freimachen wird.

Bemerkenswert scheint hierbei einstweilen doch der Umstand, dass alle Welt davon ausgeht, es gebe einfach so und von sich aus sowas wie eine Öffentlichkeit (die z. B. nicht etwa noch hergestellt werden müsste, und zwar unter ganz bestimmten gesellschaftlichen Produktionsbedingungen mit einer ganz bestimmten Klasse von auch medialen Produktionsmittel-Eigentümern, die wiederum den Zugang zur Öffentlichkeit sorgsam kontrolliert). Weil sie da zu sein *hat*, nimmt man an, sie *wäre* es auch – und so kann der gesamte demokratische Budenzauber immer auf eine solche verweisen, egal, welche Schweinerei er ins Werk setzt.

Was aber, wenn die Öffentlichkeit selbst Teil dieser Schweinerei ist? Wenn sich da nur Schweine gegenseitig »demokratisch kontrollieren« und mit ihrem Schweinsein gegenseitig einverstanden sind?

Wer vom Hass sprechen will, möchte der Verfasser damit sagen, darf vom (vor allem: Boulevard-) Journalismus nicht schweigen. Schließlich ist es dieser, der die letzten Jahrzehnte hinweg die Öffentlichkeits-Strukturen formatiert hat, in denen jetzt getrollt, beschimpft, gepöbelt wird. Diese nun als Hass ausgemachten Formen von öffentlicher Äußerung sind richtigerweise nur als eine Reaktion auf das Getrolle, Geschimpfe, Gepöbel und Verlogene des offiziellen Journalismus bzw. letztlich dessen Erweiterung in private Bereiche zu begreifen. (Denn das sind die Sozialen Medien nun mal: privatisierte Öffentlichkeit, veröffentlichtes Privatleben.)

Eine ganze »Anne Will«-Sendung lang etwa wurde 2019 über »Hass im Netz« geredet, ohne die Frage von Macht und Ohnmacht, von Klassenverhältnissen, Erpressungs-Situationen, proletarischer Verelendung usw. dabei auch nur zu berühren. Denn wenn es in der Tat nur danach ginge, dass sich Unterdrückte wie Mächtige, etwa verfolgte Kommunisten und verfolgende Faschisten gleichermaßen *nicht* Hass und Gewalt bedienen dürfen sollen, dann wäre selbstverständlich die Sklavenbefreiung genauso illegitim wie überhaupt alle Revolutionen, gewaltsame Kämpfe z. B. der Vietnamesen gegen deren westliche Angreifer und alle möglichen anderen Brachialitätsausbrüche in der Weltgeschichte, die den Menschen zu einem Fortschritt verhalfen.

Doch das interessiert die kurzsichtigen Medienschaffenden von heute nicht. In dem schier unaufhörlichen Gefasel vom schlimmen Hass, den irgendwelche asozialen Proletarier angeblich über den Globus brächten, wird nie erwähnt, wie in der gesamten Geschichte der Entwicklung der heutigen Gesellschaft Hass und Gewalt immer mit eingepreist war, dass zum Beispiel auch die Politiker in den Talkshows dort heute nur deshalb so unbehelligt und friedlich miteinander diskutieren können, weil eine gewaltsame Geschichte inklusive Guillotinierung von Königen und Adelsfamilien überhaupt erst den Weg freigemacht hat zu den jetzigen demokratischen Zuständen und auch währenddessen eben immer noch Millionen Verarmte, Verelendete und Hungernde mit Gewalt daran gehindert werden, sich ihren Teil von unseren Früchten zu holen. Das ist der historische wie aktuelle Hintergrund auch der politischen

Debatten hierzulande, in denen die als Hass ausgemachten Elemente nur eine Fußnote sind. Wer auf diese Wirklichkeit aber – meinetwegen mit pöbelhaftem Vokabular gegen deutsche Politiker – hinweist, gilt jetzt – alleinig – als Hassverbrecher – nicht etwa diejenigen, die solche Zustände zulassen und verteidigen.

Stattdessen werden solche Hinweise von den empörten Liberalen und Universitätsanarchisten als Hass verdammt, damit einmal mehr die Erzeugungsverhältnisse und -kräfte außer Acht gelassen und sich stattdessen auf Phänomene im Überbau gestürzt – was an sich kein Problem wäre, wenn a) ihr Interesse sich nicht auf diese Phänomene beschränkte und b) sie diese Überbau-Phänomene nicht mit dem Gesamtunterbau, den Verhältnissen der Erzeugung, verwechseln würden.

5. Das große Anerkanntwerdenwollen im Netz

»Wer selbst nichts gilt, lässt ungern andere gelten.« (Goethe)

»Das Volk, das sich nicht anerkannt findet, muß dieses Anerkanntwerden produzieren, durch Krieg oder Kolonien.« (Hegel)

Reise nach Jerusalem

Nichts ist in Zeiten des Internets so leicht zu haben wie Anerkennung. Natürlich handelt es sich bei der Anerkennung per Like-Button um eine schnöde Form der Anerkennung, eine Art Mitleidsanerkennung, eine Anerkennung für nichts oder eine Anerkennung dafür, dass man sich genauso erbärmlich gibt wie die große Masse zur passiven Anerkennung anderer Gezwungener. Die Zeiten, in denen die Aussicht auf Anerkennung unter Gleichen, zu der man sich mittels Bemühung hochzuringen hatte, als Motivation galt, etwas Besseres aus sich zu machen, scheinen vorbei. Denn sowas gilt, insbesondere unter Kapitalismuskritikern, schon als »Selbstoptimierung« und neoliberale Deformation, von der lieber fern geblieben wird. Deshalb verteilt man allenthalben Anerkennung im Voraus und für nichts. Entsprechend wertlos ist diese dann. Die Welt ist voll mit irgendwelchen *Influencern* oder *digital entrepreneurs,* mit, wie Hegel gesagt hätte, von anderen Knechten anerkannten Knechten, denen schon das von ihnen selbst in die Welt gesetzte Gerücht, sie *seien* anerkannt, zureicht, um tatsächliche Anerkennung zu generieren. So weit, so doof, so normal – so irrelevant.

Die wichtigeren Fragen im Lichte all der Anerkennerei aber bleiben: Was passiert mit Leuten, die nicht anerkannt werden, Leuten, denen nicht genug Anerkennung zuteil wird, nicht so viel wie sie gern hätten oder ihnen gemäß wäre? Was ist mit jenen, die man nicht anerkennen *kann*, weil sie nichts Anerkennungswürdiges zu schaffen imstande sind (oder es ihnen nicht ermöglicht wird, was in bürgerlichen Gesellschaften meistens dasselbe ist)? Welche Instanzen bestimmen, was und wer als anerkennungswürdig gilt und was weniger, wer gar nicht anerkannt werden soll oder wem sogar das Gegenteil zukommen soll: die Ächtung, die Bekämpfung – die immerhin auch eine Art Anerkennung ist? Wie ist das Verhältnis von Anerkannten, wenig Anerkannten und Nicht-Anerkannten?

Das sind Fragen, deren ernsthafte Erörterung einen vielleicht weiterbrächten. Aber bevor diese Fragen überhaupt aufkommen können, wird der Diskurs-Rummelplatz meistens schon dicht gemacht.

Nun ist der Kapitalismus eine einzige große »Reise nach Jerusalem« – es gibt nicht genügend Plätze für alle. In diesem System herrscht chronischer Anerkennungsmangel. Das ist das Grundprinzip von Klassengesellschaften, die auf dem Konkurrenz- (und nicht etwa, wie oft herbeigelogen: auf einem Leistungs-) Prinzip basieren. Konkurrenzgesellschaften können, im Gegensatz zu kooperativen, nur Einzelhöchstleistungen hervorbringen, keine Gesamthöchstleistungen. In der total durchgesetzten Welt-Konkurrenzgesellschaft (»Globalisierung«) gibt es über Jahrhunderte hinweg ganze gesellschaftliche Schichten und Länder, denen es nicht ermöglicht wird, anerkennungswürdige Leistungen zu erbringen; keine Wirtschaftsweise ist so *leistungsfeindlich* wie die kapitalistische. Die bürgerliche Gesellschaft ist auf einen Haufen von Leuten *angewiesen*, die gar keine, kaum oder nur die notdürftigste Anerkennung genießen, also zwar offiziell als Mensch gelten, denen es aber nicht erlaubt ist, ein allseitiges Menschsein zu entfalten – dem allgemeinen Menschlichkeitsgefasel der Aufgeregten zum Trotz. Das bleibt nicht unbemerkt, und man hat es deshalb seit je mit Symptomen zu tun, die das Fehlen von Anerkennung, den Anerkennungsverlust oder -verzicht ausdrückten: Leute wiesen sich selbst in Klöster ein, liefen Amok, sponnen Intrigen, kultivierten ihren Neid auf die Erfolgreichen als *kulturellen Underground*, schlossen sich terroristischen Vereinigungen oder politischen Sekten an, wurden irre oder gleich Künstler. Die fantastische Welt des Social Web nun ermöglicht ein gerüttet Maß an Anerkennung mittels minimalem Aufwand: Man kotzt einfach Meinungen, Wut, Lügen, Blödsinn, Schleimerei, Nettigkeiten, Urlaubsfotos oder Provokationen in den Orbit und genießt Aufmerksamkeit, die eine beginnende Anerkennung bereits anzeigt. Die liberale Blödsinns-Utopie eines Andy Warhol – 15 Minuten Ruhm für jeden, wenn auch nur unter seinesgleichen – ist Realität geworden.

Die »Entmenschung«, über die lange Zeit von den Kritischen Theoretikern und anderen akademischen Hasstrollen geklagt wurde, zeigt endlich Wirkung: Sie ist nicht mehr Horror-Dystopie, sondern Grundlage von Gesellschaft heute. Die »Entmenschung« der Menschen hat ihre Ursache eben in dem Anerkennungsproblem. Man wird mich nicht für völlig wahnsinnig halten, wenn ich davon ausgehe, dass die momentanen Manifestationen des Hasses sicherlich noch das Harmloseste an all dem Ungemach der Entmenschung der Menschheit sind.

Eine Menge Menschen könnten sich glücklich schätzen, beleidigte man sie wenigstens noch im Internet. Schon für einen Gutteil der Einwohner imperialistischer Zentren bleibt das die einzige menschliche Interaktion überhaupt. Der vereinsamte Rentner über 80 wäre froh, richtete sich wenigstens noch ein Fünkchen Hass aus dem Netz gegen ihn. Diese Art digitaler Zuwendung – der Hass – ist letztlich die logische Folge des realen, materiell vorhandenen Anerkennungsdefizits. Nichtanerkannte rotten sich zusammen, um einander hassen zu können, weil der Hass ihrer gesellschaftlichen Stellung entspricht, er nur der immaterielle Überbau zu ihrer sozialen Wirklichkeit – einer hässlichen – ist. Davon darf freilich der Liberale nichts ahnen. Ihm reicht, metaphysische Klage über metaphysische Belange anzustimmen.

So haben Trolle und Hater erkannt, was der nette User von nebenan nicht wissen will: dass man, will man anerkannt werden, nicht darauf angewiesen ist, als *gut* anerkannt zu werden. Es reicht, *dass* man anerkannt ist. Denn es gibt keine gute und schlechte Anerkennung. Jede Anerkennung ist positiv, eine negative Anerkennung ist logisch unmöglich. Noch wenn ich jemanden hasse, verachte, ignoriere, erkenne ich ihn an – und das mag ihm bereits reichen.

Sei im Netz dein eigenes Symptom: Man wird nicht zum Troll geboren, sondern zu einem gemacht

Wenn man vernünftigerweise davon ausgeht, dass der Troll zuvorderst die Absicht hat, anerkannt zu werden, und zwar ganz gleich, mit welchen Mitteln und um jeden Preis, wird er, gerade *indem* er bekämpft oder in die Weihen des Haters, Hasskriminellen etc. erhoben wird, *anerkannt*, als souverän und handelnd charakterisiert. Der Troll spielt die Rolle des Streitproduzenten, der ihn Bekämpfende, der sich empörende User nur die des Konsumenten. Der Troll setzt hier die Regeln, der sich trollen *Lassende* ist diesen unterworfen. Darum geht es beim einzig gültigen Wahlspruch des Trolls – »*successful troll is successful*«: der mühelose Erfolg, das Anerkanntwerden durchs bloße Existieren – während das selbsternannte Troll-*Opfer* sich zum bloß passiven Objekt der Trollerei, zum rein Ertragenden, Empörenden macht. Die Selbstermächtigung des Trolls hat ihren Erfolg durch diese Unterwerfung, diese Selbst-Erohnmächtigung von Leuten, die sich ohne Not selbst stolz zum Opfer erklären, ohne dass sie es tun müssten. Das Trollen *funktioniert.* Der Rest ist dem Troll egal. Das war schon sein ganzes Spiel.

Jeder denkt immer, ausgerechnet *sein* Belästigt-, Herabgesetzt- und Gehasstwerden sei der besonderen Aufmerksamkeit und Anerkennung wert, – dabei belästigt und hasst *jeder jeden ständig.* Der Unterschied ist lediglich einer der Überempfindlichkeit, also der zwischen einerseits handelnder und andererseits alles bloß ertragender und sich daher aufregender, empörender Haltung. Verständlicherweise hasst es sich als Handelnder leichter, wie sich ebenso der Hass anderer besser ertragen lässt, wenn dieser ohnehin nur Nebensache ist und nicht das Zentrum des Lebens bildet. Es spricht viel dafür, dass die bloß Netten und sich Empörenden, Nichthandelnden keinen Gegenwind ertragen können und sich dann über jene beschweren, die es können. Einerseits will der Empörte, der Ertragende, auch auf eine Art handeln, aber eben aus der Deckung heraus. Trolle und Hater tun das auch, aber eben auf eigene Rechnung, ohne ständig nach Polizei und Bundesgerichtshof zu schreien.

Trolle und Hater sind Folge der Projektionen von Dauerbeleidigten, zwei Gestalten der gegenwärtigen Netz-Verhältnisse, die den *allgemeinen* Verhältnissen gestörter Kommunikation und gesellschaftlicher Desintegration ganzer Schichten Ausdruck verleihen, weshalb sie die hauptberuflich Gestörten und Verärgerten und Empörten auch so sehr auf die Palme zu bringen imstande sind.

Das Einzige, was man, folgt man solcher Moral konsequent, den Provozierenden niemals gönnen dürfte, und das Einzige, was diesen fehlt, wird ihnen nun gratis zuteil: Anerkennung – als was auch immer. Der Troll, der nie als solcher ins Netz tritt, sondern durch die Reaktionen anderer erst zu einem gemacht wird, handelt aus der Deckung, aber er bleibt auch mit seinen fürs öffentliche Leben irrelevanten Befindlichkeiten im Gebüsch. Das macht die Troll-Inkompetenten und Hass-Unerfahrenen so wütend, denn Troll und Hater geben Beispiele ab dafür, dass man handeln und streiten kann, ohne sich andauernd reaktionär auf irgendwelche verletzten Gefühle, Moral oder Höflichkeit zurückzuziehen, wenn man zur Sache nichts mehr beizutragen hat. Der Troll gibt vor, keine solchen Gefühle zu haben, stellt sich dar als reine Maschine. Er tritt auf als Hass-Cyborg – das ist das *Fake*-hafte an ihm – und lädt damit alle anderen ein, auch sich selbst nicht mehr bloß als den realen Menschen zu sehen, der physisch hinter seinem PC hockt, sondern seine Netz-Identität ebenso als Cyborg, als eine Art Kunstidentität zu sehen, als eine Identität, der kein physisches Sein entspricht, sondern die durch kommunikative Routinen im Internet, durch Projektion und Gegenprojektion entstanden ist.

Wer denn sein Privatmenschentum im Raum des Internets oder überhaupt der Öffentlichkeit überwunden hat, kann natürlich ganz anders agieren, als der sein *reales Ich* im Virtuellen bloß Spiegelnde. Dieses Paradox, sich in die Öffentlichkeit begeben, aber dann auf Privatsphäre zu pochen, führt zu Lächerlichkeiten: Man will sich öffentlich zur Schau stellen, aber es soll bitte niemand hingucken, das wäre Schikanierung. Es gibt aber keine Privatsphäre in den Sozialen Netzwerken, und es kann sie nicht geben. Es war in der Tat der Facebook-Konzern *selbst*, der seine wohlgemerkt zum größten Teil erwachsenen Nutzer mittels Werbekampagnen daran erinnern musste, nicht jeden Privatquatsch öffentlich auszubreiten, da eben mehr Leute mitlesen als bloß die eigene Familie. Für einen Haufen von Leuten ist das Web 2.0 tatsächlich immer noch »Neuland«. Sie sind vollkommen (selbstverschuldet) Netz-unmündig, und man kann davon ausgehen, dass sie auch im sonstigen Leben nicht gerade als Profis im eigenständigen Denken reüssieren. Man sieht also, das Internet ist tatsächlich ein Spiegel der real existierenden Menschen: Erst das Netz bringt die ganze Trottelei aufs Tableau.

Anstatt sich mit den Usancen im Netz bekannt zu machen, werden die Minderwertigkeitskomplexe der Nichthandelnden, also Nicht-Anerkannten und daher ständig Empörten essentialisiert und zum einzigen Inhalt erhoben: Man solle sie doch bitte für ihre Minderwertigkeitskomplexe anerkennen, nicht für das, was sie tun. Aber Anerkennung bekommt man, indem man etwas leistet, nicht indem man Leuten aufzwingt, einen anzuerkennen für nichts. Wer da nicht mittun möchte, dem ist auch das gestattet: Niemand ist gezwungen, Anerkennung anzuhäufen. Man kann es bleiben lassen. Aber es ist dann irrsinnig, sich über fehlende Anerkennung zu beschweren.

Zwei Formen des Anerkennungs-Erheischens prägen also das Netz, zwei Seiten derselben, Honorierung verlangenden Tatenlosigkeit, des Minderwertigkeitskomplexes in Aktion: Provokateur und Empörter. Beide Formen gehören zusammen, ergänzen einander, und gemeinsam machen sie die öffentliche Sphäre des Liberalismus aus.

Anerkennung und »böses Bewusstsein« (Hegel)

Gern wird von Anhängern der Moral oder der Ohnmacht (was dasselbe ist) den Mächtigeren der Vorschlag unterbreitet, sie mögen sich oder ihre Privilegien doch bitte einmal *reflektieren*. Aber der Witz ist eben, dass der Mächtigere, der Handelnde, der Träger des »bösen Bewusstseins« (Hegel) sich nicht zu reflektieren braucht – das hinderte ihn bloß am Handeln –, denn diese Spiegelungsleistung übernimmt schon sein Umfeld, die Gesellschaft. Die Außenwelt, die Reaktionen auf sein Handeln sind dem Handelnden Reflexion genug, und es ist die einzig wahre, wirkliche Reflexion, weil sie eben keine masturbatorische, d.h. sich selbst täuschende ist. Anerkennung erhält man nicht, weil man besonders toll, gut oder edel ist, sondern weil man Macht hat, selbst wenn diese Macht besitzende Person Mutter Theresa heißt. Macht erlangt man freilich nur selten dadurch, dass man sich der jeweils gültigen Moral – die bloß Handlungsempfehlung ist – unterordnet. Wenn, will der Verfasser sagen, jemand wie Hitler an die totale Macht gekommen ist, sollte das den Mitgliedern einer Gesellschaft zu denken geben, in welcher das nicht nur möglich, sondern sogar wahrscheinlich ist.

Wer in der bürgerlichen Gesellschaft anerkannt werden will, muss, wie Hegel feststellte, böse sein. Das Böse definiert sich geradezu dadurch, dass es anerkannt *wird*, auch ohne dass der jeweils Anerkennende es wirklich anerkennen *will*. Es handelt sich um eine *erzwungene* Anerkennung, die das Böse auszeichnet. Hegels umfängliche Erledigung der romantischen Moralität lässt durchblicken, dass Anerkennen in der Regel ein Anerkennen von Bösem ist. Das abstrakt Gute, das Gewissen, kann nicht anerkannt werden, weil es sich im bloßen Inneren vergräbt. Kehrt es sich nach außen, wird es automatisch böse – denn es ist, indem es in der objektiven Welt handelt, den äußeren Strukturen unterworfen, die nicht seinen reinen Prinzipien im Inneren (Eigendünkel, Moral, Solipsismus usw.) entsprechen. »Das Gewissen«, das abstrakt Gute, ist, sagt Hegel, »als formelle Subjektivität schlechthin dies, auf dem Sprunge zu sein, ins *Böse* umzuschlagen; an der für sich seienden, für sich wissenden und beschließenden Gewißheit seiner selbst haben beide, die Moralität und das Böse, ihre gemeinschaftliche Wurzel« (Rechtsphilosophie § 139).

Abstraktes, d. h. unangewandtes Gutsein, Moralität funktioniert nur im Inneren (und sei es auch das Innere einer kleinen Gruppe oder Gemeinschaft, Familie usw.). Was diese Moralität am Bösen (Hass, Trollerei etc.) auszusetzen hat, ist, dass es *überhaupt* handelt. Aber, und das offenbart die Heuchelei der Empörten im Netz: Auch die Moralität handelt. Nur ist es ihr eigen, dieses Handeln unter den moralischen Scheffel zu stellen und das Moralische in den Vordergrund zu ziehen. Es kann sich aber niemand *effektiv* über das Böse (Handelnde, Tätige, Entäußerte) beschweren, ohne selbst böse zu werden.

Das Verkehren des abstrakt guten Empörten ins Böse ergibt sich aus dem gesellschaftlichen Zusammenhang, in dem es stattfindet: den in seinem wirklichen Umfang nicht näher abzuschätzenden Bereich des Übergangs und der Verkehrungen, auf dem sich die entsprechenden Phänomene wie Heuchelei, doppelte Maßstäbe, subjektivistische Gruppenmoral ansammeln. Hier also, in der bürgerlichen Öffentlichkeit, kann sich niemand genau sicher sein, welche Stufe des Bösen jemand gerade vertritt: ob er noch reinen Gewissens, also ohnmächtig ist, oder schon heuchelnd, also im Widerspruch befindlich, oder schon vollends böse, also verwirklicht. Die offen Bösen machen es einem da leichter – wobei auch das offen Böse wiederum nur eine Maske sein kann für das in Wahrheit nur abstrakt Gute, für die Gewissensideologie, für die Moral, die Ohnmacht, die sich verstellt, um Macht vorzutäuschen, die sie nicht hat.

Verletztheit und Selbst

Die Empörung folgt im Netz immer auf die Verletztheit des Selbst. Letztlich regen sich die Empörten immer nur über ihre eigene Verletztheit auf. Dabei ist ganz gleich, welches äußere Ereignis dazu als Anlass genommen wird. Wichtig ist lediglich die Empörung.

Für die Empörten freilich liegt die Ursache ihrer Empörung im Verhalten anderer: Dieser oder jener Kommentar hätte sie verletzt. Doch was hier tatsächlich verletzt wurde, ist das Weltbild, nicht das Selbst. Und ein Recht auf Unverletzbarkeit von falschen Weltbildern gibt es – zumindest noch – nicht, denn Weltbildverletzung heißt: der Nachweis des Falschseins wurde erbracht, aber man will diese Wirklichkeit nicht wahrhaben. Ein Weltbild dagegen, das richtig ist – und damit kein bloßes Bild, sondern Begriff wäre –, kann nicht verletzbar sein. Es hält der Wirklichkeit stand. Dass die Welt *so* ist, wie sie ist, nicht anders, das schmerzt die Empörten, und an diesen Schmerz mögen sie nicht erinnert werden. Wenn ich zum Beispiel ins Internet gehe mit der naiven Vorstellung, alle Menschen seien nett zu mir, und es ist dann jemand nicht nett und pöbelt mich an, wurde diese naive Vorstellung, dieses Weltbild, widerlegt. Schon ist man wieder etwas klüger geworden. Aber das will der Hass-Gegner von vornherein verhindern.

So folgt auf das verletzte Bewusstsein das schutzbedürftige Bewusstsein und damit die erhöhte Neigung zur Empörtheit. Man fühlt sich existenziell gekränkt. Dieses immerzu gekränkte Bewusstsein ist das romantische Bewusstsein, das begriffslos über die Weltverhältnisse bleibende und bleiben wollende. Wer sich bei zufälliger Entgegnung irgendeines Fremden in irgendeinem Social Network sofort gekränkt fühlt, wird wohl schon vorher an Kränklichkeit gelitten haben. Diese Kränklichkeit des Bewusstseins nennt man seit Goethe *Romantik* – »Klassisch ist das Gesunde, romantisch das Kranke«[28] –, sie darf als wissenschaftlich abgehandelt gelten. Es geht schlicht um eine grundsätzliche Haltung dem Leben, der Welt und dem eigenen Ich gegenüber, die immer sehr viel unnötigen Ärger bereitet: Das romantische Bewusstsein meint, es ärgere andere, ärgert jedoch nur immer wieder sich selbst. In ihm werden die Haltung der Trolle und die der Empörten eins.

Shaming als Anerkennung

Als verletzt empfindet das empörte Individuum gern auch sein Bild vom eigenen Körper oder eigener Tätigkeiten. Jedweden Kommentar verbittet man sich, inzwischen auch die positiven (»Wenn du willst, dass ich es sage, sage ich dir, dass du schön aussiehst, aber nur wenn du mir vorher wirklich erlaubst, es zu sagen!«). Jede Reaktion der Außenwelt aufs notleidende Selbst kann nur noch als Belästigung wahrgenommen werden. Man redet von *slut shaming* oder *body shaming*, wenn wieder irgendein Arschloch sich über promiskuitive Frauen oder Dicke, Dünne, Kurzhaarige oder Langhaarige ausgelassen hat. Man scheint in den Kreisen des schutzbedürftigen Bewusstseins sehr viel Wert darauf zu legen, was irgendwelche Canaillen so denken oder erzählen.

Das *Shaming*-Problem ist jedoch eines des eigenen Ichs. Der Bequemlichkeit halber lagert man es aus. So ist man es nicht mehr selber, der sich schämt, sondern der andere, der *einen schämt;* man kann das Problem, das man mit sich selbst hat, ummodellieren zu einem, das andere mit einem haben.

Schämen ist immer eigene Aktivität. Niemand zwingt einen dazu, sich zu schämen, trotzdem macht man nun andere für eigene Gefühle verantwortlich. Von diesen Shaming-Phänomenen sind folgerichtig hauptsächlich sensible junge Menschen, also zu schönen Seelen Erzogene betroffen. Diesen Leuten ist wirklich von Herzen zu wünschen, dass sie klarkommen mögen, dass sie sich nicht immer grundlos schämen müssen. Aber hier von anderen zu erwarten, was man selbst zu besorgen hätte, ist schlicht naiv. Ich weiß nicht, was an Hass und Pöbelei noch alles ins Internet gesetzt werden muss, damit ihnen begreiflich wird, dass die Netzöffentlichkeit keine Therapiegruppe ist. Man kann in dieser Welt von Konkurrenzgesellschaften nicht erwarten, dass sich andere nach eigenen Befindlichkeiten richten. Schön wäre eine solche Welt, also eine sozialistische – aber damit sowas einmal möglich ist, arbeiten wir Sozialisten nun seit geraumer Zeit daran, eine solche zu erwirken. Jetzt so zu tun, als hätte man bereits Verhältnisse, in denen gut zureden jemanden vom Hassen abbrächte, ist schlicht Antimaterialismus, Utopismus in Aktion.

Mir scheint das ein wirklich wesentlicher Punkt der gesamten Hass-Debatte zu sein, der diese überhaupt erst immer wieder entfacht. Fehlende Anerkennung bringt Leute dazu, sich ständig *für sich selbst zu schämen*, als gäbe es eine riesige Weltöffentlichkeit, die sich für nichts anderes interessierte, als wer sie sind oder was sie jetzt schon wieder Falsches oder Peinliches oder Normales getan haben. Das Gefühl der Scham drückt jedoch ein objektives Verhältnis aus: die tatsächlich geringe Position in der Gesellschaft. Man ist Verlierer in der Konkurrenz, doch statt sich das einzugestehen – was der erste Schritt zu revolutionärem Handeln wäre –, baut man eine Szene und Ideologie um sich herum auf, die die Erkenntnis über die realen Verhältnisse nur weiter von sich schiebt.

Sie weigern sich, erwachsen zu werden und für sich Verantwortung zu übernehmen und schieben diese Verantwortung – die nicht verschwindet, nur weil man sie ignoriert – auf andere ab. So entsteht die Beliebtheit von anarchistischen und anderen, auch rechten utopistischen Haltungen zur Welt, die einfach immer nur sehr große ideologische Verantwortungs-Abwälzungs-Maschinerien sind. Das wiederum verstärkt die Anerkennungs-Defizite, denn ohne Verantwortung keine Anerkennung. Irgendwann hat man hyper-hysterisierte Moral-Kontrolleur-Kollektive, deren Unterworfene sich gegenseitig Ersatzanerkennung – eine Art Regionalwährung der sozialen Beglaubigung – generieren, indem sie in ihren irrelevanten kleinen Kreisen umso manischer darüber wachen, dass alles seine ethische Ordnung habe – wohlgemerkt die Ordnung einer Ethik, welche niemanden außerhalb dieser Kreise kümmert, einer Ethik, die von niemandem anerkannt wird und die Anerkennung der Anerkanntwerdenwollenden überhaupt unmöglich macht. Sollen sie für diese Ethik ruhig rigoros eintreten. Aber sie mögen dann doch bitte nicht erwarten, dass für das apodiktische Einfordern von Partikularmoral weitergehende gesellschaftliche Anerkennung winke und sich damit ihr Beleidigtsein, ihr Schämen in Luft auflösen könnte.

Bedenkt man einmal, welch eine Auffassung von Mensch und Welt hinter einer solchen Haltung stecken muss, wird's grauslich: Keiner ist mehr für seine eigenen Gefühle oder sich selbst verantwortlich, das Individuum ist nur noch Marionette des Verhaltens anderer, nur noch Opfer von *Triggern*, nur noch Objekt einer Flut von äußeren, bedrohlichen Reizen, also vollkommen unmündig. Kurzum: Es ist mustergültig *antiautoritär*. Genau aber das scheint das Ziel dieser *communities* zu sein. Das Abwälzen von Verantwortung hinaus auf einen imaginierten Verantwortungsmarkt war immer schon das beste Mittel zur Selbstsabotage. Diese perpetuiert dann das Sich-Selbst-Schämen, für das man wiederum andere verantwortlich macht.

Man kann sich auf diese Weise in Schöne-Seelen-Sammelbecken tummeln, die man *Subkultur*, *safe space* oder *woke bubble* nennt und die voll sind mit Leuten, die noch nicht in die Wirklichkeit getreten sind und dies mit allerlei Eitelkeiten und Verfolgungswahnsinn zu überspielen versuchen. Solchen Gemeinden von moralisch Erleuchteten und begrifflich im Dunkeln Tappenden wird gern auch von höchster gesellschaftlicher Stelle der Boden bereitet – man nennt das dann (Sub-)Kulturförderung; eine Art Grundeinkommen an Narzissmus, das man diesen Menschen einräumt, damit nur ja niemals irgend Reales aus ihrem Treiben folge.

Wenn es nun mit diesem Elend ganz schlimm kommt, wird es zur Identitätspolitik: Leute, die eine solche betreiben, haben zumeist nichts außer ihrer selbst erfundenen, gesellschaftlich nicht anerkannten, d. h. nicht existenten *Identität*, was wiederum alles weitere schon erklärt. Wer ständig der Mühe nachgehen muss, sich einzubilden, dass er irgendwas ganz Bestimmtes oder Besonderes sei, hat keine Energien mehr, real etwas zu tun, *wirklich* zu sein. Solche Existenzen, selber bloße Produkte allgemeiner Verelendung, sind die willkommenen Opfer, deren sich die großzügigen liberalen Medienschaffenden annehmen können; hier wird es den Ausgeburten der liberalen Streitfeindlichkeit (Emcke, Lobo, Künast usw.) möglich, gratis mit »Solidarität« und Paternalismus zu glänzen, um ihr Renommee als Volkstherapeuten aufzupolieren.

6. Denken, Höflichkeit und Hater

Warum überhaupt denken? Und wenn ja, warum nicht im Netz?

Denken, wie jeder weiß, der es schon mal praktiziert hat, ist nicht diskussionsförmig, und für die Ergebnisse des Denkens ist nicht von Vorteil, die Kriterien eines Gelegenheitsgesprächs anzulegen. Es wird dadurch nur in seiner Eigengesetzlichkeit torpediert. Man kann das Denken und also den geistigen, wissenschaftlichen Fortschritt gleich bleiben lassen, wenn solches immer wieder nur auf einen bloßen weiteren Beitrag zum gemütlichen sozialen Miteinander runtergebracht werden soll. Wenn der Verfasser hier von Denken spricht, zielt er damit auf ein altmodisches Phänomen, das sich dadurch definierte, dass ein Individuum all das, was es von der Welt wusste und wahrnahm, mittels Anstrengung der eigenen Hirnwindungen zu verarbeiten und adäquat auszudrücken vermochte. Er meint *nicht* das heute unter demselben Namen geläufige Phänomen, das darunter schon das wilde Kombinieren und Wiederholen von bereits durch andere ausgedrückten und in Medien verbreiteten Weltreflexions-Fragmenten versteht.

Die menschlichen Gehirne sind das Werkzeug der Weltvernunft. Die Belange zwischenmenschlicher Höflichkeit haben sich tunlichst aus der Sphäre dieser Vernunft herauszuhalten. Eine Diskussion, die schon damit beginnt, dass der erste Diskutant sich zurücknimmt und seinem Gegenüber alles Mögliche zugesteht, führt sich selbst ad absurdum, weil sie dem Fortschritt der Sache nicht mehr dient. Man hat nun zwei Möglichkeiten: Entweder man lässt sich auf wirkliche Diskussion ein, nimmt Grob- und

Entschiedenheit des Gegenübers hin und verhält sich selbst ebenfalls durchaus unnett. Oder man will mit unnötiger Höflichkeit zugemüllt werden – dann, rate ich, lässt man es mit dem ernsthaften Diskutieren lieber bleiben und zieht sich zurück in den Schutzraum des Familiären oder sonstiger gesellschaftlicher Bereiche, in denen Nettigkeit und Komfortzone regieren. Die gesamte Frage der Diskussionsweise, der Art, wie zwischen Leuten, die den wissenschaftlichen Fortschritt wollen, zu streiten sei, hat Peter Hacks in drei knappen Sätzen formuliert:

»Was die Streitfrage betrifft, so bin ich nicht fähig, gleichzeitig zu denken und höflich zu sein. Wenn man mir widerspricht, werde ich widersprechen und unter Umständen scharf widersprechen. Ich finde eine Kultur der Diskussion, welche daraus besteht, daß man nicht diskutiert, im höchsten Maße langweilig.«[29]

Die heutzutage im Netz Diskutierenden *erzeugen* Widerspruch, wenden sich dann aber dagegen, dass dieser Widerspruch *geäußert* wird. Der Widerspruch soll zwar da sein, aber dann doch irgendwie wieder nicht so richtig. Ein Widerspruch aber, der auf höfliche Weise verhandelt wird, ist keiner mehr. Nur wo er ausgestritten wird, kann der Widerspruch sich zum Fortschritt emporentwickeln. Das sind recht allgemeine Sätze; so allgemein, dass sie auch für Diskussionen im Internet Geltung besitzen. Nur dass im Internet alle ständig diskutieren wollen, aber keiner die Konsequenzen tragen will. Wie die Linksradikalen die Revolution wollen, aber den Weg dahin nicht bestreiten mögen (weil zu stalinistisch, autoritär usw.), so möchten die linksliberalen Luschen, larmoyanten Langweiler und labernden Leitartikler auf Social Media angeblich den strittigen Diskurs, aber ohne Streit. Sie behaupten, am Austausch von Meinungen und Positionen interessiert zu sein, aber nur jener Positionen und jener Meinungen, die ihnen genehm sind. Sie wollen ständig widersprechen, mögen aber nicht, wenn ihnen widersprochen wird. Das ist recht einfach zu durchschauen und wie immer, wenn die Dinge so einfach liegen, findet der Liberalismus ganz raffinierte Tricks, die Klarheit der Verhältnisse zu vernebeln. Einer dieser Tricks ist das Gerede vom *Hass* oder das Einfordern von »*Nettiquette*« – also das Ablenken von Inhaltlichem durch Umleiten aufs bloß Formelle irgendwelcher Anstandsregeln, die ohne weitere Mühe einfach aus der zwischenmenschlichen Sphäre auf die des Netz-Streits übertragen werden.

Es wird von einem Urteil ausgegangen (eine Äußerung sei z. B. Hass oder beleidigend), das erst am Ende des Diskussionsprozesses überhaupt feststehen kann. Diskussion wie Diskutierende müssten anfänglich offen sein, aber man verschließt sich den Inhalten schon von Beginn an, indem die Formalismen als Ausrede genommen werden, keine weitere inhaltliche Diskussion mehr zu führen. Vielleicht aber würden sich im weiteren Verlauf der Diskussion diese eigenartigen, als Hass oder Beleidigung wahrgenommenen Formalismen schon als Produkt von fortgeschrittenem Diskussionsstand erweisen, welcher den die unhöflichen Formalismen Verneinenden nur noch nicht erreicht hat. Vorher kann man's noch nicht wissen.

Stattdessen sollen jene rein subjektiven, formellen Kategorien zu objektiven, maßgeblichen gesellschaftlichen, rechtmäßigen umgewidmet werden, um deren Durchsetzung sich dann der bürgerliche Staat bemühen müsse – etwa, indem die Bundesregierung die Vorschläge »gegen den Hass« von Netz-Aktivisten wie Lobo oder Feuilleton-Aktivistinnen wie Emcke, der Werbeabteilung des Telekom-Konzerns und *Bild*-Zeitungs-»Redakteuren« in offizielle bundesdeutsche Gesetze gießt, die dann übers Subjektive hinaus Geltung haben werden, und also das ganze beleidigte subjektivistische Gejammer, das mahnende Geraune besorgter Kulturkonservativer und all den Betroffenheitskitsch irgendwelcher Tanztheaterdeppen, überforderter Lehrer und neureicher Selbständiger, das vernünftige Menschen über Jahrzehnte bekämpft haben, nun zur objektiven Richtschnur ummodeln.

Subjektivismus, das heißt in diesem Falle: Es mag Leute geben, die ständig beleidigt *sind* – das heißt aber noch nicht, dass sie auch beleidigt *werden*. Sie mögen mit ihrem Leben nicht zurechtkommen oder wegen sonstwelcher Dinge schlecht gelaunt sein, aber die Ursache dieses Beleidigtseins Troll- oder Deppen-Kommentaren unterzujubeln ist genauso falsch wie davon auszugehen, dass sie sich tatsächlich persönlich beleidigt fühlen, wenn in Wahrheit ihr Weltbild, ihre Ideologie oder ihre Vorstellungen über die Gesellschaft angegriffen wurden. Ein solcher Kurzschluss ist bekannt von wahnsinnig gewordenen Islamisten, die die bloße Karikierung ihrer Religion bereits als Angriff auf ihre Person werten (»Verletzung von religiösen Gefühlen«). Zu Recht wird ihnen das nicht geglaubt und, selbst gesetzt den Fall, es sei so, pfeift man darauf.

So sind inzwischen auch alle Veranstaltungen, die sich als Diskussion ausgeben, nur noch dazu da, das Gegenteil dessen zu erwirken, wozu sie einmal gedacht waren: nämlich Denken zu verhindern, statt den wissenschaftlichen Fortschritt zu fördern. Was auf das Niveau von zwischenmenschlicher Kommunikation der heutigen Regeln von herrschafts-, also: autoritäts- wie kenntnisfreiem »Diskurs« runtergebracht wird, kann nicht mehr zu wirklichen Einsichten führen, weil der Gedanke in solchen Darbietungen durch deren Organisationsform automatisch vereitelt wird. Es geht da nicht in erster Linie um Erkenntnis, sondern vor allem um Selbstvergewisserung und Stimmungsmache jener, die keinen Inhalt haben, dessen sie sich vergewissern könnten. Deshalb muss das Brimborium groß genug sein – damit nicht auffällt, dass keiner was zu sagen hat, was über die üblichen, zur Meinung zurechtgeschusterten, diffusen Ahnungen von zu Arbeitsmarktwaren abgerichteten Opfern des liberalen Bildungssystems (»Intellektuelle«) hinausginge.

Gedanken müssen entwickelt werden, bevor man sie diskutieren kann. Diskussionen, vor denen nicht gedacht wurde, kann man sich auch gleich sparen – es kann da einfach am Ende nicht mehr herauskommen, als am Anfang schon drin war.

Der Hater

> *»Originelle ganz wunderbare Werke in der Bildung gleichen einer Bombe, die in eine faule Stadt fällt, worin alles beim Bierkrug sitzt und höchst weise ist und nicht fühlt, daß ihr plattes Wohlsein eben das Krachen des Donners herbeigeführt.«* (Hegel)

Nachdem vor gut einem Jahrhundert damit begonnen wurde, auch das einfache Volk allmählich zu alphabetisieren, wird es nun ernst: Die Proletarier fangen an, diese Fähigkeit praktisch anzuwenden, im Netz.

Leider wurde in der westlichen Welt versäumt, dem Volke mit der Fähigkeit zum Schreiben auch die Gesittung von gebildeten Subjekten mitzugeben, wozu nun einmal die Ermächtigung der produzierenden Klasse nötig wäre. Man hat es jetzt also nicht mehr bloß mit solchen Arbeiterkindern zu tun, die, in den Medien arbeitend, stolz sind auf ihre Anpassungsleistung an bürgerliche Umgangsformen – inzwischen geraten auch jene prekären Geschöpfe und ihre Weltsicht in den öffentlichen Fokus, die vormals in den Vorstadthochhaussiedlungen gut weggeschlossen waren.

Das Monopol der veröffentlichten Schreiberei liegt heute nicht mehr beim Bürgertum allein. Das macht Journalisten und Schriftsteller ganz unruhig. Nun, wo Proletariat und Schrift erstmals ausgiebig zusammentreffen, sind ausführlichere verbale Rangeleien, sprich: Pöbeleien die Folge.

Noch sind die Liberalen sehr aufgeschreckt und können sich nicht auf eine gemeinsame Strategie besinnen, diesem Treiben ein Ende zu setzen und ihr Monopol zurückzuerobern. Zweifellos können die liberalen Verteidiger des Klassenstaats und ihre moralischen Feigenblätter diese Infragestellung ihrer Vorherrschaft nur als *Hass und Hetze* auffassen. Es war in ihrer Welt und ihren Vorstellungen einfach nicht eingeplant, dass mit Fortentwicklung der technischen Basis von Produktionsbedingungen (Internet) auch eine Änderung des Verhaltens der Produktivkräfte (User) eintritt. Da jetzt erstmals jeder alles schreiben kann, und das in aller Öffentlichkeit, kommt es zur Unannehmlichkeit, dass sich alles Mögliche an Hirninhalten, was sich so im Laufe des letzten Jahrhunderts in den unterdrückten Klassen angesammelt hat, nun ungefiltert, ohne der Vorauswahl durch Redaktionen und sonstige Selektions-Instanzen zu bedürfen, Ausdruck verschafft. Es war das alles immer irgendwie vorhanden, man hat auch keine Ambition, es abzustellen, nur äußern soll es sich bitte nicht. Der Idealismus bürgerlicher Ideologen will sich nicht durch Tatsachen von seinem Werk des Wahnsinns abbringen lassen. Deshalb sind jetzt Gesetzesinitiativen gefragt. Und wenn sich da einige der linksliberalen oder -radikalen Höflichkeitsfanatiker freiwillig einspannen lassen, kann das nur zum Nutzen des Vaterlands sein.

Was also nicht sein kann, weil es nicht sein darf, ist: der *Hater*.

Der *Hater* betritt die Bühne der Weltöffentlichkeit in jenem Moment, in dem ein »interaktives« Medium wie das sogenannte *Web 2.0* als ein »soziales Medium« missverstanden und propagiert wird, statt als eines, das die Welt – im Gegensatz zu den herkömmlichen Medien, die, um nicht von Zensur zu sprechen, *vorselektieren*, – so abbildet, wie sie tatsächlich beschaffen ist: voll von Idioten mit Mitteilungsdrang. Die klassischen Medien vereitelten eine solche realistische Abbildung stets zuverlässig, indem sie im Voraus sehr darauf achteten, wer in ihnen zu Wort kommen darf: hauptsächlich Anhänger der bürgerlichen Ideologie offiziellen Zuschnitts. Leute, die sich gegen den Liberalismus wenden, werden höchstens geduldet, solange sie das von rechts tun. Sie alle machen seit Jahrzehnten die Probe auf den Exempelsatz von Peter Hacks, nach welchem »ein Land, das Medien hat, keine Zensur« brauche[30]. Eine Welt wiederum, die Soziale Medien hat, braucht keine mühsame redaktionelle Selektion mehr. Das regelt nun vollends der Markt.

Bei der Lüge, Kommentier-Plattformen im Internet seien »Soziale Medien«, handelt es sich um eine Taktik von Konzernen der Informationsindustrie nicht bloß der Profitsteigerung, sondern auch darum, einer ohnehin laufenden, schleichenden Entwicklung nachzuhelfen. Die Behauptung, es existiere auf der Welt ein Gebilde wie »Soziale Medien«, dient als moderner Mythos, an den die Individuen glauben sollen, damit eine ständige Ent-Objektivierung der Weltverhältnisse und der Nachrichten über diese stattfinden kann qua Angleichung an soziale Umgangsformen, also ein Runterbringen des Objektiven aufs Subjektive und Empfundene. So glauben all diese zu bloßen *Usern*, also Kunden gemachten Menschen, auf Twitter schenke ihnen irgendwer Aufmerksamkeit oder bei Facebook könnten sie mit Gleichgesinnten diskutieren. Stattdessen dient der ganze Schwindel als ein einziges Verblödungsprogramm, in dem durchs gemütlich-gemeinschaftliche Bubble-Gelaber *über* die Welt *von* der Welt nichts mehr wahrgenommen werden muss. Der User ist der *totale* Konsument, und zwar so umfassend, dass er selber schon denkt, er sei dabei Produzent, weil er immerhin irgendeinen 280-Zeichen-Blödsinn für 17 andere Spinner »veröffentlichen« darf, welchen diese nach ein paar Minuten freilich eh schon wieder vergessen haben. Der Begriff »Soziales Medium« ist, was dessen Insassen freilich nicht mehr erkennen können, ein Widerspruch in sich. Entweder eine Situation ist sozial, oder sie ist medial vermittelt; beides gleichzeitig ist schlicht unmöglich.

Eine auf solche Weise ihre Öffentlichkeit einrichtende demokratische Gesellschaft ist natürlich ganz überrascht, wie es in ihrer Demokratie so ausschaut, wenn es tatsächlich mal aus Versehen demokratisch wird. Plötzlich ist nicht mehr von normalem demokratischem Meinungsfindungsprozess, sondern von Hass die Rede. Es wird jetzt nicht mehr gesprochen von aufrichtigen, mündigen Mitbürgern, die da auf irgendeine, mag sein ungehobelte Weise ihre irrelevante Meinung verkünden, welche die demokratische Gesellschaft zuvor überhaupt erst in sie hineingeschissen hat, sondern von *Hatern*. Jahrelang wurde die Pöbelhaftigkeit des Pöbels ignoriert, nun lässt sich nicht mehr weggucken. Schuld seien *Hater* oder Trolle. Es ist das alte Pöbelproblem, wie es bereits Hegel gefasst hat:

»Das Herabsinken einer großen Masse unter das Maß einer gewissen Subsistenzweise, die sich von selbst als die für ein Mitglied der Gesellschaft notwendige reguliert – und damit zum Verluste des Gefühls des Rechts, der Rechtlichkeit und der Ehre, durch eigene Tätigkeit und Arbeit zu bestehen –, bringt die Erzeugung des *Pöbels* hervor, die hinwiederum zugleich die größere Leichtigkeit, unverhältnismäßige Reichtümer in wenige Hände zu konzentrieren, mit sich führt.«[31]

Der Kapitalismus *benötigt* zu seiner Fortexistenz stets eine Klasse von Verpöbelten, *produziert* diese also folgerichtig (man nennt das dann in seinen konkreten Ausformungen etwa: »dreigliedriges Schulsystem«, »Arbeitsmarkt« oder »Pressefreiheit«, Dinge, die es in gesitteten Gesellschaften wie einer sozialistischen nicht gibt). »Somit entsteht im Pöbel das Böse, daß er die Ehre nicht hat, seine Subsistenz durch seine Arbeit zu finden, und doch seine Subsistenz zu finden als sein Recht anspricht.« (Hegel)[32]

Zur Ideologie des Kapitalismus gehört, dass die verpöbelten Elemente möglichst nicht ins Blickfeld oder gar in Kontakt mit den von Verpöbelung Verschonten (Kleinbürger, Großbürger, Chefredakteure usw.) geraten. Diese dürfen dann zur Belohnung an die liberale Ideologie glauben, weil sie von der sozialen Realität höchstens noch aus Zeitungsmeldungen erfahren, die durch den Filter jener Ideologie gegossen wurden. Obdachlose sollen aus den Innenstädten verschwinden und *Hater* aus dem Netz. Man sollte das nicht als einen Ausrutscher des Liberalismus auffassen. Das *ist* der Liberalismus.

Auch für mich sind verlotterte Wohnungslose kein ansehnliches Phänomen. Mir wäre lieber, sie wären nicht nötig. Aber ich respektiere sie doch als einzelnes Symptom des allgemeinen bürgerlichen Niedergangs und möchte sie darin gewürdigt sehen. Ich hätte gern das Elend, das sie erleiden, abgestellt, nicht sie selber. So verhält es sich mit den *Hatern* und Trollen: Sie sind die Penner des Internets, die ganz armen Schweine.

Der Irrsinn wird abgerundet, wenn als *Hater* gilt, wer sich verhält, wie die liberale Gesellschaft ihn zugerichtet hat. Es handelt sich einfach um User, die andere User anpöbeln, um Kunden in einem Wettbewerb, um Konsumenten, die die Ausschlachtung ihrer eigenen Person konsumieren: Zum Beispiel jene Web-Promis und andere öffentliche Gestalten, für die es so selbstverständlich geworden ist, dass ihrem Treiben des *self promoting* so weit niemand widerspricht, der nicht zuvor durch die sozialen Sortierungs-Apparate zur Harmloswerdung gegangen ist. Vorher gab es Hass und Werbung jeweils für sich; sie waren getrennt und höchstens durch die bürgerliche Form von Rezeption, die sogenannte professionelle Kritik vermittelt. Dass diese mit Auftauchen des *Haters* nun obsolet ist, ärgert natürlich den Feuilletonisten wie den Professor. Man mag den Verfasser dafür schelten, aber als Kommunist, dem an der Obsoletwerdung dieser Gesellschaft der Feuilletonisten und Professoren ernsthaft gelegen ist, erfreut ihn dieser Umstand doch zumindest ein wenig. Ihm scheint, der Hater hasst, weil ihm nichts anderes mehr übrig bleibt.

Wer also den Hater bekämpft, gibt sich nur mit einem Symptom ab, wo es darum ginge, die Ursache zu beenden. Das wollen die netten linksliberalen Onkels und Tanten nicht, denn das kostete Mühen der Erkenntnis wie des Handelns.

Deshalb hieß es mit dem Aufkommen der Web-2.0-Phänomene in den Nullerjahren zunächst: *»Don't feed the troll.«* Als dies – die Dummheit ist eben sehr zäh – nicht geschah und die Trolle blieben, weil es deren Job ist, zu bleiben und zu nerven, wurden sie im Laufe des folgenden Jahrzehnts zu *Hasstrollen* umetikettiert, welche dann recht zügig wiederum zu »Hatern« wurden und diese dann zu wahlweise Nazis, Psychopathen, Trollringmitgliedern »der hasserfülltesten community Deutschlands« oder »Sifftwitter« (wie die *Süddeutsche Zeitung* ein Häuflein von Twitter-Accounts nannte, die dort etwa Springer-Redakteure ein wenig geärgert haben[33]). Die einstmals als ärgerlich, aber letztlich bedauernswert und harmlos abgetanen *Trolle,* die doch immer nur die Projektionen und Sehnsüchte der Braven und Netten verkörpern – und von denen man weiß, sie hörten auf, reagierte man nicht auf sie – wurden, nachdem man ihrer nicht ledig wurde, zu »Hasskriminellen« umdeklariert, in der Hoffnung, man könne ihnen, und damit dem Anblick unangenehmer Auswüchse dieser Gesellschaft, dadurch beikommen. Stattdessen macht man sie nur noch stärker und angriffslustiger: Man erhob sie zu einer Macht, indem man sie als gefährlich anerkannte.

Der Sanftmut des Hasses

Was weder Trolle noch empörte Rumopferer so recht wahrhaben wollen: Auch Rumopferei ist eine spezielle Form von Hass. Alle Erscheinungen, die da so kompakt zum Hass zurechtgelegt werden, stellen wiederum eine spezielle Form von Rumopferei dar. Das Phänomen ist als eine Art Sanftmut, ja Zärtlichkeit des Hasses zu bezeichnen.

Ich rede nicht vom abstrakten Hass, sondern von der – regulierenden, produktiven, verarbeitenden – *Tätigkeit* des

Hassens. Das Hassen ist so viel einfacher als das Lieben. Um einen anderen Menschen wirklich lieben zu können, muss das Gegenüber auch zurücklieben, das kann nicht erzwungen werden. Und Liebe, die nicht erwidert wird, ist bald wahnhaft und kann schnell in destruktive Formen übergehen. Hass hingegen lässt sich ohne Mühe rauskübeln. Er wird sofort gewürdigt, entweder durch Gegenhass oder Aufmerksamkeit sonstiger Art. Aber in dem hasserfüllten Bestreben liegt auch eine gewisse Sanftmütigkeit, eine Sehnsucht nach Kommunikation, nach Mitgefühl. Der Austausch mit anderen qua Hass hat eine Ebene der tiefen emotionalen Ergriffenheit, die in der bürgerlichen Gesellschaft die schwerere, stressigere Form der Gefühlsinvolviertheit, die Liebe zu ersetzen vermag. Hass kann auf zärtliche Weise empfunden und geäußert werden. Es gibt ein Feingefühl des Hassens. Es gibt gerechten Hass, zielgerichteten Hass, gut portionierten Hass, der für alle Beteiligten wohltuender ist als etwa tückische Liebe oder erpresserische Nettigkeit. Und Hass kann ebenso, auch das ignorieren die Hass-Bekämpfer konsequent, *Ausdruck* von Zartheit, ja von Empathie sein: Indem man jemandem, sogar einem Fremden im Internet, seine innersten Gefühle des Hasses zukommen lässt, sich auch noch Zeit nimmt, ihn ganz persönlich anzusprechen, sozusagen mit individuellem Hass zu betreuen, hält man auch den Fremdesten noch für ansprechbar, für noch nicht vollends verblödet. Man tritt mit ihm in einen gefühlvollen Austausch. Man nimmt ihn aufklärend an die Hand, zeigt ihm: Das hier ist nicht nur *mein* Hass, es ist *unser* Hass, er gehört uns allen, jeder empfindet ihn, lasst ihn uns nicht verleugnen und uns das Beste draus machen. Leute des Hassens, also des Streits, der gegenseitigen Pöbelei für fähig zu halten, heißt, sie für zurechnungsfähig zu halten. Der Akt des Beschimpfens bedeutet, dem Gegner Mündigkeit zuzutrauen, auch wenn er sich immer wieder anschickt, das Gegenteil zu erweisen.

Black-Metal-Bands, Battle-Rapper und Horrorfilm-Regisseure etwa exerzieren eine solche empathische Praxis des kunstvollen Hassens seit geraumer Zeit. Es hat sich eine gewisse Tradition auf diesen gemeinschaftlich erlebten und gestalteten Formen des Hasses aufgebaut, die wohl kein kultivierter Mensch missen möchte. Jetzt kommen die Langweiler aus den Kulturredaktionen und wollen diesem bunten, stattlichen Treiben die Abmahnung erteilen, als seien sie ein demokratisch gewähltes Gremium oder eine Behörde, die dazu die Lizenz hätte. Stattdessen sind sie einfach nervöse Spinner, die sich in volkspädagogischer Mission wähnen und jedem ihren mitfühlenden Liberalismus aufhalsen und auf der Suche nach nützlichen Idioten sind, in deren Spiegel sie glänzen können, so dass ihnen die Hassenden gerade recht kommen.

Es fehlte nicht viel zu der Leninschen Einsicht, dass der »Hass des Vertreters der unterdrückten und ausgebeuteten Massen wahrlich ›aller Weisheit Anfang‹, die Grundlage einer jeden sozialistischen und kommunistischen Bewegung und ihrer Erfolge« sei.

So übernimmt in Zeiten tobender Klassenkämpfe das Hassen die Funktion eines Akts des Mitgefühls, der Sorge um die Vernunft, die notwendig brachiale Form der Sicherstellung von Sittlichkeit.

Doch mit der Jahrtausende alten Kultur der Katharsis soll nun, wenn es nach den Hassgegnern geht, ein für allemal Schluss sein. Stattdessen setzt man einen Terror der Nettigkeit ins Werk: Als wäre es nicht schlimm genug, dass sie selbst nett sind – und zwar *nur* nett, nichts anderes außer nett (d.h. gelangweilt von der eigenen Blödheit), sie also auch nicht wissen, wo Nettigkeit etwa angebracht ist und wo wiederum nicht –, sie wollen jetzt auch alle anderen noch dazu bringen, sich dieser Langeweile anzuschließen. Sie hassen qua Nettigkeit alles, was ihrem Bild von Nettigkeit nicht entspricht.

Von Beginn an war jedem Einsichtigen klar, dass das Verfolgen und Verbieten proletarischer Ausdrucksweise im Netz als »Hass« erst die Einleitung darstellt für weitergehende Bestrebungen der moralischen Zensoren, einmal erfolgreich, auch als Kunstbekämpfer und allgemeine Feinde des Geistes aufzutreten: Es werden periodisch Veröffentlichungen vereitelt, Filme als gefährlich bekämpft und Musiktitel als irgendeiner Schönseligkeits-Romantik nicht konform zu ächten versucht. Dass dieses reaktionäre Spürhundverhalten in vielen Kreisen immer noch als links gilt, ist das Elendste daran. »Ich finde es so irre, dass nur so ein fades Zeug die Aufmerksamkeit regiert, dass alle so lieb zueinander sein wollen, um bloß keinen Mist zu bauen. Ich habe immer den Eindruck, die haben alle furchtbare Angst. Das ist der Tod. Angst ist der Tod.« (Dietmar Dath)[34]

7. Die Guten und das Böse

Überall Opfer

> *»Wir begegnen dem Leben nicht mehr als aktive ethische Subjekte, sondern nur noch als passive Opfer, und der politische Protest verkommt zu einem Gejammer voller Selbstmitleid.«*[35]

Bei Hegel ging es noch unsentimental und sachlich zu: Ihm lag daran, die geschichtliche Weltauseinandersetzung zuvorderst als eine zwischen *Herr und Knecht* aufzuzeigen. Heute greift der Irrsinn um sich, die Welt als eine bloß in *Opfer und Täter* eingeteilte zu betrachten.

Es besteht hier der ganz grundlegende Fehler, dass die nur *zufällige Stellung* in einem gesellschaftlichen Verhältnis (Täter-Opfer) zu einer Identität, also einer Seinsweise gemacht wird, der man sein ganzes Leben lang zu entsprechen habe.

Opfer sind dabei immer jene, die sich als die Reinen, Guten, die »schönen Seelen« (Hegel) dünken, also: die moralisch im Netz engagierten »Linken« und eben auch die Rechten, die wiederum ihr spezielles »Gutmenschentum«, also das Einfordern einer bestimmten, in diesem Falle rechten Moral, unter der schlecht sitzenden Maske des Bösen, Amoralischen praktizieren. Dass diese Maske schlecht sitzt, merkt man immer dann, wenn der souverän wirkende rechte Sprücheklopfer vom Dienst im Ernstfall selbst zu jenem aufgebrachten Jammerlappen wird, den er meint, nur in der Linken anzutreffen.

Das Täter-Opfer-Schema hat eine einfache Funktion: Die unbedingte Durchsetzung des obersten und einzigen Leitsatzes »*Die anderen sind immer die Täter*«. Je nach politischer

Moral können dann Migranten, Kriminelle, Kommunisten, Zionisten, Drogendealer, Polizisten, Soldaten die Bösen oder die Guten, statt einfach Migranten, Kriminelle, Kommunisten, Zionisten, Drogendealer, Polizisten, Soldaten sein. Die Guten, das sind dabei automatisch immer die Opfer: z. B. die Juden die der Palästinenser, die Palästinenser die der Juden, die Kriminellen die der Polizisten, die Polizisten die der Kriminellen usw. – also letztlich irgendwie alle.

So ist es heute bei Linken nicht mehr üblich, faschistische Angriffe als solche zu bezeichnen, sondern man dünkt sich abstrakt als Opfer von »rechtem Hass«. Statt sich in einen Kampf gegen die Rechte gestellt zu sehen, in welchem man das Opferdasein einmal beenden könnte, werden dann die paar harmlosen Mittel linker Symbolpolitik wie *political correctness* oder Antifa-Demos aufgefahren, die von den Rechten zu »linkem Hass« erhöht werden, als dessen Opfer sie sich dann fühlen können.

Derlei Selbst-Viktimisierung zum Behufe der Akkumulation von Anerkennung durch Mitleid funktioniert nach einem altbewährten Prinzip: Leute, denen es nicht ermöglicht ist, zu handeln und die deshalb mit sich und ihrer schönen Seele allein zu bleiben gezwungen sind, keine Möglichkeit der Entäußerung haben, tyrannisieren nicht nur ihre Mitwelt mit ihren Gefühlszuständen, sondern erheben diese zu einer abgedichteten Weltanschauung, in der es nur noch Bedrohungen gibt, deren angebliche Träger für ihre Ängste verantwortlich seien und deshalb schon mal im Voraus denunziert gehörten. Das wiederum spült die sie Empfindenden automatisch auf die Seite eines Kollektivs der abstrakt Guten[36], also Nichthandelnden, die, weil sie die Arschkarte gezogen haben oder dies zumindest glauben, im ständigen Modus der Selbst-Viktimisierung operieren.

Diese Bewusstseinshaltung teilen sie ausgerechnet mit den Trollen, mit dem Unterschied, dass diese daraus kein Geheimnis machen, während die selbsternannten identitären Opfer den Hass und die Angriffslust nur bei jenen verorten. Es entbehrt nicht einer gewissen Ironie, wenn ausgerechnet in diesem als Normalität, Öffentlichkeit und »Diskurs« akzeptierten Sumpf aus Hass und Missgunst nun Leute ausfindig gemacht werden, die besonders schlimme »Hater« sein sollen. So wird in den Sozialen Medien die zufällige Emotion zur stabilen Identität, von der wiederum jede Lebensregung abhängig gemacht wird.

Das Auffällige daran ist, wie der hegelsche und auch marxsche Boden der Sachlichkeit – nämlich die wirklichkeitsadäquate Welterfassung, philosophische Wissenschaft der Beziehung von Macht und Ohnmacht, *Herr und Knecht, Kapital und Proletariat* – verlassen wurde, und man es sich stattdessen auf dem Ersatzschauplatz, dem Kinderspielplatz namens *Täter-Opfer* bequem gemacht hat, auf dem man, verlassen von jedem Rest von Weltgeist, seine irrelevanten und folgenlosen Spielchen treibt.

Täter und Opfer sind vorrangig und wesentlich juristische Kategorien. Ihre Anwendung auf Personen, die nicht juristisch verurteilt wurden, bleibt bloßer subjektiver Quatsch, zufällige, austauschbare Moral. Mit der Selbstpsychologisierung, auf die letztlich alle sogenannte linke »Identitätspolitik« (d.h.: Rumjammern auf Basis identitären Denkens und launigen Gefühls) hinausläuft, hat man die grundlegende Gesellschafts-Apparatur aus den Augen verloren, die all das Elend erst hervorbringt und deren Teil man immer auch selbst ist. Über den Hebel der Täter- und Opfer-Gegenüberstellung lässt sich kein gesellschaftlicher Fortschritt erzielen. Im Gegenteil: Diese Gegenüberstellung, dieser Pseudo-Konflikt ist selbst ein Wahnsystem, das zur Gänze erst von jener zu überwindenden bürgerlichen Gesellschaft und ihrer Ideologie in die Welt gesetzt wurde. Begriffs- und Realitäts-Arbeit aber läuft klassischerweise über den Hebel der Gegenüberstellung Macht-Ohnmacht, nämlich: Klassenkampf, also des Kampfes der arbeitenden Masse gegen die herrschende bürgerliche Klasse. Auch hier geht es mitnichten um ein Sich-Suhlen in Ohnmacht, sondern um das Erkämpfen von Macht – und zwar nicht der opportunistische Kampf einer Einzelperson, sondern der einer Klasse gegen die andere. Das scheinen Jux-Vereine wie die »Herrschaftskritiker« immer noch nicht zu kapieren. Deshalb ist auch kein Wunder, dass die Praxis der Rumopferei sich gerade bei den Anarchisten im Internet großer Beliebtheit erfreut. Aber die Geschichte aller bisherigen Gesellschaft ist nicht eine von bloß moralischen Beschuldigungen und dem Herauskotzen subjektiver Befindlichkeiten, sondern die von Klassenkämpfen. Davon aber, und dafür gibt es handfeste, materielle Ursachen, will die radikale und natürlich erst recht die liberale Linke nichts wissen.

Leere Signifikanten wie *Hater* oder *Täte*r kommen da als universelle Projektionsfläche gerade recht. Sie erlauben es einem, weiterhin sein Opfer-Spielchen zu treiben und unproduktive Verzweiflung zu kultivieren.

Der Verfasser nun will nicht behaupten, es gäbe heute keine Täter und keine Opfer dieser Täter mehr. Er fordert auch nicht auf, diese Kategorien fallenzulassen. Aber die Erfassung, Bewertung und Regelung *aller Weltphänomene* mittels dieser beiden Kategorien scheint ihm doch unzureichend, unterkomplex – selbst Teil von Verdummung: eine unentwickelte, ungebildete, unerwachsene, unwirksame Haltung gegenüber den Tatsachen der Welt.

Hier tritt der Widerspruch offen hervor: Das böse, also handelnde Bewusstsein ist mitnichten nur das der Trolle, also »Täter«, oder der Rechten, sondern auch längst das der Empörten. Diese sind in Wahrheit, objektiv längst in die Wirklichkeit der Welt eingetreten (und scheinen dies hier und da auch zu spüren), geben aber immer noch vor, es nicht zu sein; es handelt sich um schöne Seelen, die längst hässlich geworden sind, aber den Schein wahren. Sie geben vor, bloß passive Beobachter zu sein, über die ein ungerechter *Shitstorm* losbreche, für den sie gar nichts könnten. Sie hätten lediglich »legitime Kritik« geäußert, das müsse man in einem demokratischen Rechtsstaat doch dürfen, ohne sofort illegitim kritisiert (= bepöbelt) zu werden.

Das böse Bewusstsein der Netten und Empörten ist besonders perfide: Es gibt vor, keines zu sein und ist aber sogar schon ein böses Bewusstsein höherer Stufe, nämlich solches, das sich selbst als unschuldig und nichthandelnd, gut und das Böse bekämpfend präsentiert, obwohl es selber eine solche Position des allseits Angegriffenen niemals erreicht hätte, ohne nicht *selber* zuvor angegriffen zu haben, ohne nicht *selber* die Kälte des rücksichtslos Handelnden – also Bösen – an den Tag gelegt zu haben. Die vorgetäuschte Schönseeligkeit dient längst als universelle Moral zum Weiterkommen im Haifischbecken des Arbeitsmarkts mit dem Credo: »Alle, die Karriere machen, sind rücksichtslose böse und gnadenlose Opportunisten, nur ich nicht, ich habe es mir wirklich verdient, denn ich habe mir die schöne Seele trotz allem erhalten!«

Dieser absurde Selbstwiderspruch macht die Opfer ihres eigenen Gewissens, die Verabsolutierer ihrer Moral, die Empörten aus. Ihnen ist die Angst eigen, sich an der Unreinheit der Welt beschmutzen zu können, aber man ist gerade *mit solcher* öffentlichkeitswirksamen *Klage über die Welt* schon *in diese hineingetreten*, *hat sich* bereits beschmutzt, will aber trotzdem noch als sauber und rein gelten.

Das genau heißt Selbst-Viktimisierung: sich selbst zum passiv erleidenden Objekt anderer, höherer und böser, ungerechter Mächte zu erklären, obwohl man das Heft selber in der Hand hat oder zumindest haben könnte; sich als *fremd*bestimmt zu sehen, weil man sich nicht *selbst* bestimmen kann oder will.

Auf diesem Opfer-Schema baut sich dann eine gesamte Ideologie, sogar ganze Lebenswerke auf. Eine Publizistin wie Jutta Ditfurth etwa forscht nicht mehr, um Erkenntnisse in der Sache zu erlangen, eine objektive Wahrheit zu finden oder gar wissenschaftlich fortzuschreiten, sondern ihr gesamtes Leben dreht sich nur noch darum, überall

Leute zu finden, die gegen ihre (und die angeblich linke) Moral verstoßen haben. Es geht nur noch darum, genügend moralisch kompromittierendes Material zu finden, das sie ihren Gegnern, also den als böse Ausgemachten um die Ohren hauen kann. So jemand liest z. B. Hegel nicht, um zu begreifen, sondern um ihm Rassismus vorwerfen zu können. Bereits *vor* jeder Erkenntnis ist hier Schluss mit dem Denken, man sucht angebliche oder tatsächliche moralische Verfehlungen anderer, die überhaupt nichts zur Sache beitragen, um sich selbst in einem innerhalb dieser Moral heller erscheinenden Lichte zeigen zu können. Das Bild, das vermittelt werden soll, ist eine Welt voller böser Bewusstseine, in dem das eigene besonders glänzt, weil es irgendeine partikulare Milieu-Moral auswendig aufsagen kann, wenn auch jeder weiß, dass deren Exponenten sich letztlich selber nicht an diese halten, wenn es ernst wird. Aber ernst werden soll es ohnehin nicht, und deshalb kann man als Teil der »guten« Seite reüssieren. Das wiederum hat Methode, die einen bestimmten Zweck erreichen will: Wenn die ganze Welt schlecht ist und sich außer mir niemand mehr an meine subjektive Moral hält, bringt das unweigerlich und direkt die Selbst-Viktimisierung mit sich. Man kann sich umso besser als Opfer darstellen, je höher das eigene abstrakte Gutsein und die eigene Moral als Gültigkeit gesetzt werden. Wenn der Öffentlichkeit nur genügend Böse, Moral-Verfehler, Skrupellose präsentiert werden, kann die eigene Person routiniert als deren direkte Geschädigte und damit die eigene Dummheit und Tatenlosigkeit zur edlen moralischen Haltung zurechtgelogen werden.

Das ist dann auch der Zweck des Treibens: Statt klarem Begriff und sauberer Darlegung der eigenen Position wird von vornherein nicht mehr argumentiert, sondern sich darauf verlassen, dass die Meute schon mitschreit, wenn man sich nur laut genug empört und aufregt. Man geht in der zur totalen *Bild*-Zeitung gewordenen, der liberalen Öffentlichkeit schon als Sieger aus einer Debatte hervor, wenn man nur oft genug den Zeigefinger gegen andere erhebt. Dafür muss man nichts kapiert haben und auch nichts können. Bequem suhlt sich das selbsternannte Opfer in der Gewissheit über die Bosheit der anderen.

Das schutzbedürftige Bewusstsein und das Wesen der Trollerei

Die Gesellschaften des Spätliberalismus haben an sich, einen Großteil ihrer Mitglieder in die missliche Lage zu bringen, ohne massive Realitäts-Filterung und das Abblocken der Erfassung verunsichernder Tatsachen überhaupt nicht mehr in die Welt, geschweige denn eine öffentliche Debatte, gar einen Streit zu treten. Das Bewusstsein dieser Leute ist schon in seiner Grundsubstanz so aufgerieben, dass sie sich im Moment des Streits automatisch als *Person* angegriffen fühlen.

Das Bewusstsein solcher Menschen ist schutzbedürftig, weil sie keine ganzen, wahren, keine von der Realität der Welt wie individueller Bildung durchdrungenen Subjekte sind, sondern isolierte und fragmentierte, in ihren Urteilen höchstens einmal zufällig richtig liegende Individuen. Das vielbeklagte *falsche* Bewusstsein ist zum *schutzbedürftigen* geworden, gerade *weil* es seine Falschheit aufrechterhalten will. Es ist als eine weitere ideologische Stufe der Abwehr des Richtigen zu begreifen, dass sich das Falsche gegen dieses schützen will.

Das führt zu einem nahezu unbedingten Meinungs-Durchsetzungs- und Verteidigungsdrang, so falsch man mit der Meinung auch liegt – und das eint beide nur scheinbar so unterschiedliche Seiten: die »angreifenden« Trolle und die schutzbedürftigen »Opfer«. Lieber zieht man – und zwar ohne den Hauch einer Aussicht auf Sieg – vors Bundesverfassungsgericht (oder, wie Jutta Ditfurth, vor den Europäischen Gerichtshof für Menschenrechte), als zuzugeben, der Gegner könnte womöglich einmal in einem Einzelpunkt richtig liegen oder einem selbst könne ein Irrtum unterlaufen sein.

Solches Elend, das nicht bloß eines der Unbildung, sondern auch der Unaufrichtigkeit gegen sich selbst ist, befördert die Filterbubble-Logik. Diese wiederum bringt die Unmündigen hervor, die in ihrer Gehaltlosigkeit nur noch klagen, verleumden und sich im großen Stil empören können – sich dann aber über den Groll der anderen beschweren (»Wutbürger«, Hater, Trolle usw.), die ihnen mit den nicht geduldeten Sorten von Hass doch lediglich den Spiegel ihres eigenen, geduldeten, konformen Hasses (Erregung, Empörung, Verärgerung, Entrüstung) entgegenhalten. Der Hassende oder der Troll weist, wie unbewusst auch immer, nach, dass heute letztlich jeder Mensch ein Hassender oder ein Troll ist, je nachdem, zu welcher Zeit er sich in welchem Zusammenhang befindet. Er beweist das ständig, und zwar mit den Reaktionen, die er bei den Empörten und Aufrechten hervorruft.

Es ging dem Troll nie um mehr, als den anderen, der sich ständig über fehlende Contenance des Gegenübers beschwert, aus der Reserve zu locken und die Contenance verlieren zu lassen. In jenem Moment, in dem auf die Trollerei reagiert wird, ist das schon erfolgreich geschehen – »*successful troll is successful*« lautet die armselige wie entwaffnend simple und immer wieder bewahrheitete Maxime dieses Mechanismus. Aber selbst solch öde, uralte Masche scheint den Online-Sittenwächtern nicht bekannt. Sie machen sich zum Affen, während die ursprünglichen Affen – die Trolle – sich zu zivilisieren beginnen, und zwar, indem sie die Entwicklung vom Provokateur zum Diskursteilnehmer durchlaufen. Denn man kann nicht *nicht* am Diskurs teilnehmen – das bleibt der grundlegende Widerspruch des einfachen, undialektischen Trolls, der auf reiner Provokations-Ebene stehenbleiben zu können meint. Wer nur provoziert, *setzt* nicht, sondern überlässt den anderen das Feld. Der Provokateur muss verglimmen, wenn er seine

Absichten nicht weitertreibt. Der Kampf ehrenwerter Bürger, die mit bürgerlichem Klarnamen und Passfoto für ihren online verzapften Stuss stolz eintreten gegen anonyme, d. h. ehrenlose Trolle, ist der alte Kampf doof gegen doof, mithin: Kampf *innerhalb* des Bürgertums; stolze Bourgeois gegen enttäuschte Bourgeois.

Wer nur Troll sein will, ist auch bloß Bürger. Interessanterer Bürger vielleicht, aber genauso irrelevant. Setzungen zu treffen aber hieße, sich vom Trolldasein zu verabschieden und den wirklichen Kampf gegen das Bürgertum aufzunehmen, wie man es von Leuten kennt, deren Namen etwa Karl Marx, Bertolt Brecht, Georg Lukács, Rosa Luxemburg, Antonio Gramsci, Werner Büttner, David Fincher, Matt Groening, Peter Hacks, Gisela Elsner oder Dietmar Dath lauten.

Die Träger des schutzbedürftigen Bewusstseins dagegen sind immer ganz betroffen und schockiert, wenn sie etwa von den Zuständen des völlig alltäglichen und normalen Hasses in der Welt mitbekommen, die nicht in ihr Bild von dieser passen. Ganz wie Kinder, die entdeckt haben, dass sich ihre Eltern in Wahrheit doch streiten, obwohl man ihnen die ganze Zeit Harmonie vorgetäuscht hat, fühlen sie sich existenziell beleidigt, wenn sie in die Sphäre des world wide web treten und merken, sie leben in einer Realität, für deren Bewohner es völlig selbstverständlich ist, einander als jene Canaillen zu beschimpfen, als die sie sich in der Welt üblicherweise zu verhalten pflegen.

So begab es sich 2019, dass zwei besonders laute und reichweitenstarke Social-Media-Blöker ihre Twitter-Accounts zumindest vorübergehend, dafür aber mit umso lauterem öffentlichen Getöse löschten: Der Grünen-Politiker Robert Habeck und Springers »Welt-Gruppe«-Chefredakteur Ulf Poschardt. Beide waren ganz überrascht darüber, dass sie ihre privilegierte private Wohlfühlzone, die soziale Bubble, in der ihrem Stuss aus falschem Respekt vor falscher Autorität nie widersprochen wird, nicht in der gesamten restlichen Welt wiederfinden. Man begibt sich in die Öffentlichkeit und wundert sich dann über öffentliche Reaktionen. Und man *wundert* sich nicht bloß nach innen, sondern man *empört* sich – *in aller Öffentlichkeit*. Beherzte Vollzeitdemokraten mit erheblichem gesellschaftlichem Einfluss werfen der Öffentlichkeit vor, dass sie öffentlich ist, dass also *alle* an ihr teilnehmen und eben nicht nur die gut selektierten Mitglieder ihrer privaten Filterblase, in der sie ihre subjektivistischen Borniertheiten über Jahre hinweg zu kultivieren gelernt haben. Überhaupt sind Liberale immer sehr überrascht darüber, dass andere Menschen nicht so liberal (also: gleichgültig) sind wie sie selbst.

Dieses Herausposaunen des eigenen geistigen Elends in den Welt-Äther eint nicht nur linke wie rechte Medienschaffende und Berufsempörer, sondern auch jene Gestalten der breiten demokratischen Mitte, die immer überall mitreden müssen, wenn sie auch sonst schon nichts können und wollen. Man übt sich im reinen Jammern, als sei man die einzige Person auf der Welt, die leidet und der Unrecht getan werde, als machte einen das Schwachsein und die Schutzbedürftigkeit, die doch in den meisten Fällen nur vorgetäuschte ist, schon zu einem besseren Menschen.

Die Schutzbedürftigkeit kommt daher, dass diese Leute fürs Denken zu faul und zu eitel sind für Anstrengungen der Begriffsarbeit, die ihre gewohnten Ansichten ad absurdum führen könnte. Man ist gezwungen, sich vor der Realität zu schützen, weil man sonst – über diese – nachdenken müsste. Die Träger des blockierenden Bewusstseins behüten sich aber davor, dass die reale Welt sich in ihnen abbilde. Dieses Abschirmen macht sie zu innerlich Weltlosen und äußerlich Geistlosen. Das ist aber kein bloßes Netz-Phänomen, sondern hat ganz handfeste Vorbilder: Das bürgerliche Milieu des Westens ist schon immer ein solch verbarrikadierter Bereich gewesen, in dem jene, die es sich leisten können, den Einbruch des Hasses, also der realen Welt in ihr Weltbild verhindern wollen. Selbstverständlich entblöden sie sich immer noch, von diesem Treiben als

»offener Gesellschaft« zu sprechen. Trotz all der Schonungsmaßnahmen ist das schutzbedürftige Bewusstsein weiterhin gekränkt. Einmal einzusehen, dass ausgestelltes Leiden noch kein Ersatz für Denken ist, wäre zu viel von ihnen verlangt. Die leidenden und mitleidenden Liberalen fuchteln ständig mit ihren volkspädagogischen Patschehändchen herum wie mit der Suppenkelle bei der Hochwasserkatastrophe. Man simuliert den Kümmerer und kümmert sich doch nur darum, dass alles nur ja so bleibt, wie es ist.

Selfcare, safe spaces und schöne Seelen

Das Weltbild der Blocker und Filterer ist ein sehr zerbrechliches. Man lässt sich hier nicht gern stören in seinen Illusionen (etwa über die bürgerlichen Verhältnisse und intellektuelle Beschlagenheit deren Angehöriger) und klagt lieber über andere, die diese Illusionen nicht teilen. Was schon verwundert, schließlich geben sie sich immer wieder Mühe, ihre Feigheit, Dummheit, Rückständigkeit umzulügen in Mut, Zivilcourage, ehrenhaftes Engagement gegen Hass.

Was dem Rechten sein Drogendealer im Görlitzer Park, dessen Beseitigung ihm der letzte Schritt beim universalen Durchmarsch bürgerlicher Werte zur heilen Welt gerade noch fehlt, ist dem Linksliberalen sein Hassender oder Troll im Netz. Die prekären Existenzen, gänzlich Produkte bürgerlicher Zurichtung, werden in beiden Fällen zur Bedrohung für die Menschheit oder zumindest die freiheitlichen Werte und ähnlichen Quatsch zurechtgeschustert – ohne dabei zu bemerken, dass jene freiheitlichen Werte erst die *Ursache* auch für die Entstehung der Freiheit der Andersdenkenden, also der Trolle und Hater sind.

Man muss sich, will ich sagen, nicht nur mit der Einsicht anzufreunden beginnen, dass das Bewusstsein und Weltbild der Mahner, Blocker und Selbst-Viktimisierer auf wackligem Boden erbaut ist, sondern sehen, dass es vor allem die Seele, genauer: die »schöne Seele« (Hegel) ist, die die Welt mit all ihren Übeln nicht ertragen will und daher die ständige und absolute Schonung von und vor allen und rund um die Uhr erbittet. Die Welt wird hier wahrgenommen als eine einzige Selfcare-Anstalt. Darum geht es den Empörten »gegen den Hass im Netz« und beim Liebesgefasel der Web-Hippies. Deren Seelen sind schön, weil sie nicht in Kontakt mit der Wirklichkeit der wahren Welt getreten sind – oder zumindest so tun, als ob. Ihre Seelen, also das Subjektive, Unwirkliche, weil nicht Überprüfbare, Ungültige, sind der eigentliche Schauplatz, nicht die Welt, nicht das Objektive, Wirkliche, weil Überprüfbare und Gültige.

Und weil ihre Seele der eigentliche Schauplatz ihres Lebens ist, soll auch die restliche Welt zum Schauplatz ihres Seelenlebens werden. Die Welt draußen aber ist nich schönseelig, sie ist nichtmal selig. Selig sind die Toten.

Die schönen Seelen und Mahner gegen Hass wollen zwar angeblich die offene Diskussion, erweisen sich aber als völlig diskussionsunfähig, sobald die Diskussion nicht nach ihren willkürlichen, subjektiven Regeln verläuft. Sie wollen immer die unbedingte Öffentlichkeit, aber nur, solange es dort so abläuft, wie es ihnen in den Kram passt. Das aber ist keine Öffentlichkeit mehr – nicht mal eine im bürgerlichen Sinne. Die Bourgeoisie bleibt hier in der Praxis wieder mal unterhalb ihrer eigenen Wertvorstellungen.

Bei Hegel war die schöne Seele noch als Phänomen bloß eines abgeschlossenen Ichs begriffen. Diese seligen Zeiten des deutschen Idealismus sind freilich um. Das Prinzip der Schönseeligkeit hat sich längst ausgebreitet hin ins Kollektive: Ganze Familien, Szenen, Bubbles, Milieus teilen sich heute eine gemeinsame schöne Seele, die sich moralisch überlegen gegen die jeweils anderen dünkt. Ganze Gemeinschaften können sich dadurch als von der Wirklichkeit, vom Bösen unberührt dünken und wirkungslos nach außen, aber vor allem auch folgenlos fürs innere Ich, vor sich hin leben. Hort dieses Lebens ist der *»safe space«*. Auch hier sind es letztlich therapeutische Ideale, solche von hilflosen, in die Passivität gedrängten, nicht von handelnden Subjekten, die an die Gesamtheit der Gesellschaft herangetragen werden und nach denen die gesamte Menschheit ihre (Schön-)Seligkeit erlangen soll. Ich möchte zumindest die Linken unter jenen, die eine solche Praxis für sinnvoll erachten, daran erinnern, dass das Wort bei Marx »Klassenkampf« hieß, nicht »belangloses Rumjammern der Ohnmächtigen aller Länder«.

Ironische Narreteien

Das schutzbedürftige Bewusstsein linker wie rechter Formatierung ist stets in Nöten. Deshalb greift es selbst an. Aber das sind Angriffe aus der völligen Verzweiflung heraus, Angriffe, die sich als bloße Notwehr maskieren, Angriffe, die man nicht ernst nehmen kann, weil sie nichts auszudrücken haben als das eigene Schutzbedürfnis. So vermag dieses Bewusstsein, einmal mit seinen eigenen Maßstäben konfrontiert, auch sich selbst nicht mehr ernstzunehmen. Es redet sich dann zuverlässig und gern auf die gute alte »Ironie« heraus, die aber nun leider wiederum Hegel bereits vor 200 Jahren als romantischen Hütchenspielertrick dümmsten Formats abschließend zu Grabe gelegt hat:

»Die nächste Form dieser Negativität der Ironie ist nun einerseits die *Eitelkeit* alles Sachlichen, Sittlichen und in sich Gehaltvollen, die Nichtigkeit alles Objektiven und an und für sich Geltenden. Bleibt das Ich auf diesem Standpunkte stehen, so erscheint ihm alles als nichtig und eitel, die eigene Subjektivität ausgenommen, die dadurch hohl und leer und die selber *eitle* wird. [...] Das Ironische aber als die geniale Individualität liegt in dem Sichvernichten des Herrlichen, Großen, Vortrefflichen [...]. Darin liegt denn, daß es *nich*t nur *nicht ernst* sei mit dem Rechten, Sittlichen, Wahrhaften, sondern daß an dem Hohen und Besten nichts ist, indem es sich in seiner Erscheinung in Individuen, Charakteren, Handlungen selbst widerlegt und vernichtet und so die Ironie über sich selbst ist.«[37]

Das schutzbedürftige Bewusstsein, seinem Programm der absoluten Schonung konsequent Folge leistend, benutzt also die Ironie als Ausrede. Sie ist lediglich ein anderes Wort für Unaufrichtigkeit. Es handelt auf gleicher Ebene, tut dasselbe wie der Gegner, fühlt sich jedoch diesem dabei überlegen, weil es für sich die gesellschaftliche Position der über alles erhabenen, schönen Seele, der richtigen Moral beansprucht. Man holt sich dafür die Bestätigungen im jeweils eigenen Milieu und sieht sein Treiben dadurch gerechtfertigt. Man kann immer sehr gut sein, wenn man mit der restlichen Welt – angeblich – nichts zu schaffen hat. Den Status der Ironie – oder auch der Satire – reklamiert man dabei freilich immer nur für sich selbst. Den anderen gesteht man sie nicht zu. Beim anderen ist es ganz sicher immer schlimmster Hass, bei uns immer nur Ironie. Und die Frage, ob etwas als Ironie anerkannt wird oder nicht, ist dann nur noch eine von Macht oder Ohnmacht, von Zugehörigkeit zur Bourgeoisie bzw. ihren Medien-Apparaten.

So können ernstgemeinte Zeitungsartikel, sollte der Aufschrei gegen sie zu arg werden, am nächsten Tag von der Redaktion zu Satire umdefiniert und Satire wiederum zum ernstgemeinten Hass zurechtskandalisiert werden. Das führt dazu, dass in der bürgerlichen Öffentlichkeit die linksliberalen *taz*- und rechtsliberalen Springer-Jammerlappen geeint gegen den »Netzhass« auftreten können. Dieses Spiel wissen dann aber auch andere mitzuspielen: Kaum saß die AfD im Bundestag und hielt faschistische Hetzreden, redete sie sich auf *Ironie* und *Satire* heraus. Der ewige Kampf doof gegen doof zelebriert hier sein Unwesen, um unter Schlagworten wie Ironie oder Satire wiederum *ihren*, den guten, den *liberalen Hass* unter die Menschen zu bringen, als ob er da nicht eh schon wütet.

Das »Toxische im Diskurs« und der toxische Diskurs selbst: Der Boden der Unfreundlichkeit

»Es gibt Kommentare, die den Diskurs vergiften. Die haben kein Recht da stehen zu bleiben«, heißt es bei Anna-Mareike Krause @mlle_krawall (Social-Media-Strategin beim Rundfunk Berlin Brandenburg) auf Twitter, versehen mit dem Hashtag #NoHate.[38]

Hier wird gar kein Hehl mehr daraus gemacht, dass man zur Wahrung des eigenen Images oder zur Zerstörung der Handlungsgrundlage anderer mittels Sicherung der eigenen Handlungsgrundlage einfach willkürlich subjektives Rechtsempfinden bei Verbotsforderungen ins Feld führt, die anderen das Recht auf Äußerung streitig machen wollen.

Genau so aber verhält es sich zwingend mit dieser vielgelobten bürgerlichen Meinungsfreiheit, wegen der der Menschheit seit Jahrzehnten der Sozialismus vorenthalten wird, weil es in diesem eine solche nicht gibt. Wenn irgendwer irgendwas »vergiftet«, soll es zügig vorbei sein mit dem Rechtsstaat, solange es nach empörten Hobby-Juristen auf Twitter geht. »Den Diskurs« aber – also die halbfaschistische Jauchegrube namens liberale Öffentlichkeit – kann man nicht vergiften. Er selber ist das Gift, nämlich bloßes Abbild und Reflex bürgerlicher Klassenverhältnisse. Es gibt da keine Guten vs. Böse. Wenn es auf der Welt ein Böses gibt, ist dieser Diskurs *selbst das Böse*. Da wird ein Extremismus konstruiert, an dem aber, wie beim Extremismus-Begriff in der Politik, das Problem nicht ist, dass etwa Sozialisten als extrem bezeichnet werden, sondern dass damit eine angeblich gemäßigte und vernünftige Mitte konstituiert wird, die selber all das Ungemach erst hervorbringt. Jeder sogenannte »Hasskommentar« ist da zunächst mal Fleisch vom eigenen Fleische und kann höchstens noch als Gegengift wirken, welches den in ihrer Unsicherheit und Schutzbedürftigkeit auffälligerweise nur Allzusicheren etwa mal eine Mahnung sein könnte, welche Resonanz ihr realitätsabgewandtes Treiben in der Realität so erfährt.

Statt diesen realen Verhältnissen und damit auch ihren ideologischen Abbildern, dem sogenannten Toxischen, *kämpfend*, also mit *Hass*, entgegenzutreten, wird wiederum dem Kampf dagegen entgegengetreten: Das *»gegen den Hass«* behauptet, dieser Hass sei eine immer identische Sache und kein in Verhältnissen existierendes Instrument einer Person oder einer Klasse gegen eine andere, also *ohnehin schon* gesellschaftliche Praxis, Ausdruck von bereits existierendem Bösen. Man will nicht das Elend beseitigen, sondern, in schlechter alter liberaler Manier, lediglich dessen Äußerungsformen, seine Symptome. Man will das Elend also beibehalten, aber seine Artikulation unterdrücken. Man will keine Pöbeleien, behält aber den Pöbel bei (der, wie Hegel zeigt, im Liberalismus notwendig entsteht). Man will seine Ruhe haben und ist nicht mal in der Lage, sich dazu selbst Augen und Ohren zuzuhalten: Andere – der Staat oder die Social-Media-Konzerne – sollen das übernehmen.

Affekthascherei

Immer wieder sind die linksliberalen Demokratie-Verteidiger schockiert von ihrer eigenen Empörungs-Bereitschaft. Sie wundern sich über die Verkommenheit der Welt, statt mal darüber, dass sie sich immer noch wundern. Es dürfen nicht mal drei Minuten des Nachdenkens, Recherchierens, Einordnens vergehen, bevor sie ihre – womöglich gar »tiefen« – (»Mit-)Gefühle« oder ihre »Solidarität« mit irgendwelchen vermeintlichen oder auch tatsächlichen Opfern überall reinscheißen.

Hier ist eine Denkfeindschaft am Werk, die sich als Anständigkeit aufführt. »Wo gedacht wird, fühlt sich das Deutschtum bereits verraten.« (Gottfried Benn)[39] Solche Affekte, weit ausgebreitet in die große Gesamt-Hirnlosigkeit der Welt, sind freilich dem Hass näher, als die sie Empfindenden glauben. Empörung und Hass beruhen auf demselbem Affekt: dem Zorn. »Der Hass ist der Zorn der Schwachen.« (Alphonse Daudet) Während der Affekt des Zorns in der Empörung gezähmt und in sozial verträgliche Bahnen der Mitleids-Ethik gelenkt wird, bleibt der Hass substanziell, unverfälscht, unverträglich, unversöhnlich, kompromisslos, indem er erstmal aufzeigt, was überhaupt Sache ist.

Das affektgetriebene, überforderte Bewusstsein also wird zum hassenden oder eben zum ständig empörten, es ist dann letztlich dasselbe Bewusstsein, das, je nach Milieu, Bildungsstand, Klassenzugehörigkeit usw. nur eine andere Ausdrucksform derselben Haltung annimmt. Denn selbstverständlich ist das vorgeblich schutzbedürftige, das vehement abblockende Bewusstsein *auch* ein böses. Aber *sein* Böses ist, dass es dies verbirgt und unter des Maske des abstrakten Guten auftritt. Hegel unterscheidet zwischen dem *handelnden* Bewusstsein und jenem abstrakt guten, d. h. bloß – das Handeln der anderen – *beurteilenden* Bewusstsein:

»Dies beurteilende Bewußtsein«, so Hegel, »ist hiermit selbst *niederträchtig,* weil es die Handlung teilt [...] . Es ist ferner *Heuchelei,* weil es solches Beurteilen nicht für eine *andere Manier,* böse zu sein, sondern für das *rechte Bewußtsein* der Handlung ausgibt, in dieser seiner Unwirklichkeit und Eitelkeit des Gut- und Besserwissens sich selbst über die heruntergemachten Taten hinaufsetzt und sein tatloses Reden für eine vortreffliche *Wirklichkeit* genommen wissen will. – Hierdurch also dem Handelnden, welches von ihm beurteilt wird, sich gleich machend, wird es von diesem als dasselbe mit ihm erkannt. Dieses findet sich von jenem nicht nur aufgefaßt als ein Fremdes und mit ihm Ungleiches, sondern vielmehr jenes nach dessen eigener Beschaffenheit mit ihm gleich.«[40]

In der Empörung gegen den Hass – bzw.: das böse Bewusstsein – spricht lediglich die bürgerliche Gesellschaft *über sich selbst.* Es ist da nichts geistreiches, das diese Gesellschaft und ihre Normen und Prinzipien transzendierte – deshalb bleibt die Empörung über das angeblich Empörenswerte letztlich nur eine Empörung über die eigene Unzulänglichkeit. Solche Unbeschlagenheit treibt die Empörten, die Romantiker der Web-Zwischenmenschlichkeit und sonstige Online-Diskussionszombies zum politischen Aktionismus, der als zu sich selbst, also zu liberaler Moral heruntergekommener, nichts ist als die sich empörende Seele, ausgebreitet in die Sphäre einer als politischer Diskurs missverstandenen Teilöffentlichkeit.

Empört wird sich immer viel im Inneren. Doch die öffentliche Empörung ist nichts anderes als das Zurschaustellen einer Gefühlsregung. Damit hat die Sache schon ihr Bewenden. Die Empörung kommt nicht zum Begriff. Wenn sich empört wird, ist das eher eine performance, ein happening, als eine wirkliche Auseinandersetzung.

Damit ist noch nichts wirkliches getan. Es ist dies eine Ziellosigkeit, die glaubt, sie habe ein Ziel – z. B. die Übel der Welt »bekämpfen«, Nazis »verjagen« (wohin, fragt man sich), die bürgerliche Gesellschaft von der Blödheit ihrer selbst überzeugen und überhaupt mehr Nettigkeit im Sozialen –, sich dann aber darauf beschränkt, zu postulieren und Unmut zu äußern, wobei sie meint, sie ärgere andere, obwohl sie sich bloß selbst ärgert.

Die naive Empörung und das bloße Empfinden von Ungerechtigkeit mag am Anfang einer Auseinandersetzung mit Verhältnissen stehen, die auch objektiv fällig zur Beseitigung sind – nur ist das noch kein Handeln, keine wirkliche Politik. Auch ein bloßes Anrülpsen mit Parolen gegen die Zustände bleibt vorpolitisch. Politik wäre, wenn jene Empörten mit den persönlichen, bloß subjektiven Bedürfnissen einer angeblich unkorrumpierten Innerlichkeit Schluss machten und sich ins Handgemenge, in die deutsche Barbarei namens »offener Diskurs« begäben. Das widerspräche jedoch der von den Dauer-Empörten und den empfindsamen Seelen als absolut gesetzten Logik des *safe space* und des unbedingten, womöglich »demokratischen« Kampfs gegen den Hass, weshalb diese weiterhin davon absehen, im Wirklichen tätig zu werden. Solche »safe spaces« sind den Hörsälen und Seminaren der bürgerlichen Universität nachgebildet, in denen es aufgrund von ebenso bürgerlicher Zugangsbeschränkung seit Jahrhunderten dem Pöbel nicht gestattet ist mitzutun, so dass in dieser Bubble der kleine Weltausschnitt, den man da vorfindet, schon ebenso lange für die wirkliche, integre Welt gehalten wird, deren Bewohner vor der schlimmen, bösen Welt draußen geschützt seien. Sie sind Milieus zur Herstellung alternativer Realitäten. So kultiviert sich das schutzbedürftige Bewusstsein, reproduziert sich, bietet sich an als Option für die Träger aller darbenden Seelen ohne Verstand. Das ganze erinnert nicht zufällig an die Psychiatrie, wo man seit einiger Zeit statt geschlossene Abteilung *»geschützte Station«* zu sagen gelernt hat, aber weiterhin dasselbe meint: Abgeschlossener Abstellplatz, Quarantäne-Station für schöne Seelen, Selbstmordgefährdete und arme Irre, denen man hier ermöglicht, sich einige weitere Zeit den Prinzipien der (Welt-)Wirklichkeit zu entziehen. Auch das mag ein Vorbild für die *safe-space-* und Abblock-community sein, die ihren Weltruhm inzwischen insofern erlangt hat, als sie tatsächlich die Blaupause für das Filterbubble-Wesen schlechthin abgibt. Der Verfasser will hier gar nicht weiter erörtern, inwiefern Menschen für mündig und deren Gesellschaft ernstzunehmen sind, die in weiten Teilen nach der Logik von geschlossenen Psychiatrien funktionieren. Das mag ein Thema für Irrenärzte oder Soziologen sein, mit dem er die Leser nicht auch noch plagen will.

Empörung als romantische Praxis

Der naive Mensch, das Kind, glaubt, jeder sei ganz so beschaffen wie es selbst. Aus dem *eigenen* Nettsein etwa folgt dann die falsche Annahme, alle anderen seien ebenfalls nett oder hätten auch nur ein Interesse daran, nett zu sein. Ist dies einmal als Trugschluss erkannt, empört sich das nette Bewusstsein. Es *empört* sich, es *versteht* nicht. Die Empörung hat hier als innere Aktivierung von Emotionen die Funktion, das Begreifen zu verhindern. So entsteht ein romantisches Bild von »den Mitmenschen«, dessen Nichtübereinstimmung mit der Wirklichkeit immer wieder Anlass zur Empörung bietet. Romantiker der Zwischenmenschlichkeit sind die sich über den Hass Empörenden, weil sie abstrakte, durch gesellschaftliche Beziehungen und bürgerliche Klassenherrschaft erzeugte Instanzen, vermittelte Zusammenhänge und Ereignisse in eine phantasierte Gesellschaft der mitmenschelnden Werte und Nettigkeit einsortieren und wider besseres Wissen den Traum von einer Welt, in der alle nett sein könnten, als insgeheim schon verwirklichtes Ideal vor sich her tragen. Was sein *soll*, *müsse* bereits wirklich sein: Wenn im Prenzlauer Berg die klassen- und gewaltlose, verständnisvolle Weltgemeinde schon längst umgesetzt sei, denken die Bewohner der liberalen Zeitungsredaktionen, sollen doch auch die Proleten in den Vorstadt-Ghettos sich mal nicht so anstellen und endlich auf ihr Niveau kommen, statt im Internet rumzupöbeln. So schwer könne das doch nicht sein.

Der Pöbel soll nicht mehr pöbeln und die Hungernden sollen nicht mehr hungern. Wenn sie kein Brot haben, sollen sie eben Kuchen essen – und wenn sie Hass haben, sollen sie stattdessen lieben. Das ist ungefähr das Format dieser »linken« Forderungen. Dabei ist schon auch interessant, wie sie alle immer sehr genau wissen wollen, was Hass bedeutet, obwohl sie selber angeblich nie hassen.

Die Begriffslosigkeit und Ignoranz der linksliberalen Empörungs-Clowns zeigt sich auch in ihrem durch nahezu nichts zu verstörenden Rumgeposte auf den Social-Media-Plattformen, jenem Hineinkübeln von Nettigkeiten, also: Belanglosigkeiten in die Diskussionskanäle derjenigen Teile der Gesellschaft, die noch nicht verstummt sind und deshalb als eine Art dürftige, Demokratie bezeugende Restöffentlichkeit herhalten müssen.

Von Millionen Bezeugungen des verblödenden Normalitäts-Terrors nehme ich hier eine zufällige. Da verkündet etwa der Twitter-Account »@FrauVogelbein«: »Ich bin ja wirklich kein Fan von Kindern, aber das kleine Mädchen aus der Nachbarschaft, das jeden Abend im Garten steht und darauf wartet, dass es meinen Hund streicheln darf, ist jetzt irgendwie meine Freundin.«

Die verlorene Seele, die sich da in ihrer Verzweiflung qua Hundebesitz Identität und Anerkennung selbst bei noch verhassten Personengruppen beschaffen möchte und ihre Schmach noch verschlimmert, indem sie diese durch Veröffentlichung schmachvoller macht, ist symptomatisch für eine fortgeschrittene Form von Menschenverachtung, welche sich bemüßigt fühlt, sich eine Form von Nettigkeit zu geben, damit sie selber nicht so recht wahrhaben muss, was sie da tut.

Dieser Tweet gewordene brave Gymnasialaufsatz nun entwertet beides: die öffentliche Sphäre, indem er den für diese höchst belanglosen Privatkram in einem pathetischen Gestus verbreitet, der an offizielle Verkündigungen von Regierungssprechern gemahnt; und die Privatsphäre, indem er das individuelle Erlebnis in falscher Unmittelbarkeits-Gebärde als Belletristik-Karikatur zum Behufe der Niedlichkeits-Profilierung im Netz ausschlachtet.

Solche Tweets sind schlimmer, als jede gegen die sie hervorbringende Normalität gerichtete Beleidigung, jeder Hass, jedes Gepöbel jemals sein könnte. Bei dieser Konfusion der Kategorien von Privatem und Öffentlichem fallen dem Verfasser unweigerlich die Zeilen aus Peter Hacks' Aufsatz »Neues von Biermann« ein:

»Er befindet sich nun in Westdeutschland. Ich kann nicht erkennen, daß er sich dort verhalten hat wie einer, dem es dort nicht gefällt. Er ließ sich ganz gehen. Er gab locker und unbefangen den Schatz seines innersten Hirns und Herzens preis, – alles Dinge, die keiner in einer Umgebung tut, die ihn trüb stimmt.«[41]

Diese Sätze bringen das Problem der Privatsphären-Veröffentlichungs-Suppenkasper in den Sozialen Medien zutreffend auf den Punkt. Wer sich – locker und unbefangen, völlig entblößt – in den öffentlichen Netzwerken so wohl fühlt, seine innersten Angelegenheiten preiszugeben, der offenbart sich als einer, dessen wesensgemäßes Habitat diese Medien sind – und mit dem mag man wenig Mitleid haben, wenn sich seinesgleichen dazugesellt und den Familienkrach – »Hass« – lostritt.

Solche Schmunzelpostings sind Ausdruck von Verzweiflung, nicht von Souveränität oder Humor. Das ist der Hass natürlich auch; er ist die notwendig vorhandene Rückseite einer solchen Normalität. Aber der Hater, der Troll, der sich in all seiner Wut der ihm feindlich gesinnten Gemeinschaft quasi völlig unverschleiert aussetzt, ist dabei wenigstens aufrichtig: Er lässt zumindest die Möglichkeit noch offen, ansprechbar oder veränderbar zu sein, was beim notorischen Abblocker nicht mehr der Fall ist. Man kann sagen, die eigentlich »Empathielosen« sind letztlich die Trollfeinde, die Filterer und Blocker – vor lauter Empathiebereitschaft können sie eigentlich gar keine Menschen mehr ertragen (nicht mal im Virtuellen), die sich nicht der von ihnen gewohnten Nettigkeitsformeln bedienen. Die trollenden Hasser oder hassenden Trolle sind dabei völlig zurecht angekotzt von der Selbstgerechtigkeit jener, die sich durch jede von den Medien durchs Dorf getriebene Ereignis-Sau verunsichern, aufhetzen und zu hirnlosen Tweet-Ketten anregen lassen. Der Troll hasst den hassenswerten Gesamt-Betrieb und verleiht diesem Hass seinen Ausdruck. Und sein Erfolg gibt ihm Recht – es wird immerhin schon ständig über Hass gesprochen, zumindest formell (mit inhaltlichen Bestimmungen hält man sich bei den bürgerlichen Ideologen grundsätzlich sehr zurück, sowas macht nur unnötig die Ideologie kaputt). Im mit bombastischen finanziellen, moralischen und publizistischen Mitteln von Stiftungen, Organisationen, Ministerien, Redaktionen, Parteien, Prominenten, Kirchen, Großkonzernen[42] etc. entfachten Kampf gegen es ist das Gespenst des Hasses bereits als Macht anerkannt. Auf seinen Inhalt käme man zu sprechen, machte man sich einmal über die Ursachen des Hasses Gedanken, statt den offen Hassenden als Minderbemittelten darzustellen, der übertrieben reagiere, weil doch die kunterbunte liberale Welt so heil und ungiftig sei, dass sie nur durch einzelne, völlig unangebrachte Akte des Hasses oder »toxischen Verhaltens« getrübt werde.

Die Übertreibung und wirkliche Trollerei ist diese Normalität der Netten und Menschlichen, welche – im Bunde mit Springer-Journalisten und anderen Medien-Tyrannen – mit dem vorgeblichen Kampf gegen den Hass, der auch bloß ein weiteres schlechtes Update der Totalitarismus-Doktrin darstellt, nur gestärkt wird. Der Kampf gegen den Hass bringt nämlich wieder neuen Hass hervor, und nicht nur beim Hater, sondern auch beim Hassbekämpfer. Dieser hat das zweifelhafte Glück, auf der richtigen, von der Bourgeoisie offiziell abgesegneten Seite zu stehen, nämlich der des Liberalismus, weshalb sein Hass als legitim gilt und z. B. – mehr oder weniger verfeinert – als »Kritik« (Adorno), »Satire« (Böhmermann), »Kunst« (Kinski, Meese) oder »Wissenschaft« (Baberowski) Anerkennung findet.

Überhaupt scheint an jenem sogenannten Hass der Unzufriedenen, Zukurzgekommenen, Ungezogenen – nennen wir sie doch beim Namen: der Proletarier – das *Pure* zu stören, das nicht verfeinerte, das *»rohe«* – oder *»verrohte«* –, der *»grundlose* Hass«, der Hass, dem nicht die Möglichkeit zuteil wurde, sich eine bürgerliche Äußerungsform, einen Grund, eine Legitimation zu geben.

Nun sind es ausgerechnet Mitglieder jener Klasse von auf diese Weise Verarschten, Studienanfänger aus proletarischem Hause, Linke, Ausgebeutete, Benachteiligte, die allen Ernstes glauben, von jenen bürgerlichen Kampagnen gegen Hass im Netz ins Recht gesetzt zu werden – obwohl diese Teil des Klassenkampfs *gegen* sie sind. Wer von der Gesellschaft nicht die Möglichkeit bekommt, seinen Hass in sublimierter Form auszuleben, der äußert ihn pur. Es gibt keine zwei Fronten im Hass-Geschäft, sondern nur eine Totalität: die bürgerliche Gesellschaft und ihren Hass. Und wie es ausschaut, wird irgendwann einmal alles als Hass deklariert werden, was irgendein Mitglied der Unterschicht sich öffentlich zu äußern wagt. Hässliche Gesellschaft bringt hassende Individuen hervor. Es ist kein allzu neuer Vorschlag, statt die Hässlichkeit der Gesellschaft immer wieder schönzulügen, sich einmal an deren grundsätzliche Neuordnung zu machen, um Hässlichkeit wie Hass der Vergangenheit zu übergeben.

Schon das Herausbrechen eines bloßen *Teils*, einer zufälligen Gruppe – und seien es Rechtsradikale – aus dem großen Weltübel bezeugt die Ignoranz gegenüber dem *Ganzen* der durch diese bürgerliche Gesellschaft angerichteten Weltmisere. Das ist traditionelle liberale Ideologie, also Denkweise der unterwürfigen, ahnungslosen Trottel: Immer findet sich irgendeine Gruppe (Rechte, Linke, Trolle, Hater, Verschwörungstheoretiker, Migranten, Kinderschänder etc.), die zu bekämpfen sei, damit man endlich zur großen globalen Erlösung und Auflösung aller Probleme, zum Paradies auf Erden ohne Hass, Giftigkeit und Missgunst komme. Aber Hass und Missgunst sind, wie das Nazi-Problem und die meisten anderen, ein ökonomisches, und zwar ein spezifisch in der bürgerlichen Form der Ökonomie und ihrer Institutionen angelegtes. Ohne Kapital keine Nazis. Ohne Nazis keine erfolgreichen Maßnahmen gegen Kommunisten und andere Kapitalgegner. Wollte man wirklich, d.h. effektiv eintreten gegen ständige Produktion und Reproduktion von Hassenden, Trollen, Nazis und wie diese ganzen unansehnlichen Teilgruppen der bourgeoisen Gesellschaft genannt werden, müsste man Marxist werden und die revolutionäre Beseitigung der kapitalistischen Ökonomie erarbeiten. Sicher ist es bequemer, sich irgendwelche Deppen im Internet herauszusuchen, die man zwischen Latte Macchiato und veganem Ökobrei aus seiner 200-Quadratmeter-Altbauwohung im Neureichenviertel schnell noch im Namen der Demokratie als zurückgeblieben denunzieren und mit einer polizeilichen Anzeige beglücken kann. So hasst es sich beim guten Bewusstsein umso besser gegen den Hass. Hass erweist sich einfach als ein Mittel unter vielen, als Instrument zur Erreichung eines Zwecks. Der Hass des Trolls kann mit Fug als immerhin dialektischer und der Hass der Netten und Empörten als undialektischer Hass bezeichnet werden – jener will noch was erreichen, letzterer nur noch verteidigen, was an Elend existiert.

Man hat es hier schlussendlich mit zwei Formen des »unglücklichen Bewusstseins« (Hegel) zu tun, und zwar auf beiden Seiten: bei den Hatern wie den Netten. Aber im Gegensatz zum bloß netten Bewusstsein spricht das hassende Bewusstsein sein Unglück offen aus, verbirgt es nicht hinter Maßnahmen zur Verdeckung der Verzweiflung; das hassende Bewusstsein ist das offen unglückliche, das nette aber bloß das uneingestandene, ebenso unglückliche. Wer noch nett sein *muss*, kann nicht glücklich sein. Damit ist der Hassende dem Netten weit voraus: Er stellt das Fortschrittlichere dar, denn er entäußert seinen zunächst bloß inneren Hass und verbirgt ihn nicht unter Schönseligkeiten, treibt den Gang der Dinge weiter – auf dieser Grundlage kann gearbeitet werden, nicht aber auf jener der Heuchelei der Netten, die letztlich das Abblocken von Aggression und Hass zum Ziel hat. Der Hass des Klassenkämpfers beruht auf Maos Annahme, dass ein Gegner, der einen bekämpft, besser ist als einer, der einen ignoriert. So provoziert das offen hassende Bewusstsein den Kampf gegen sich und schreitet vor zur Synthese, die nur Revolution heißen kann. Man muss die Welt nicht brennen sehen wollen, um zu verstehen, dass der Wille derer, die sie brennen sehen wollen, gerechtfertigt ist und dass zumindest diese Absicht sympathisch sein muss, wem an revolutionärer Änderung zum Besseren gelegen ist.

Wer aber bloß »gegen den Hass« ist, wird selber Teil des Hass-Zusammenhangs, schon weil, wer stets brav die Antithese (Antihass) bereitstellt, damit nur der Verfeinerung und Ausarbeitung der ursprünglichen These (Hass) dient, die sich dann zur vollendeten Totalität der bürgerlichen Empörungs-Öffentlichkeit auswächst.

All jene, denen angeblich soviel an Gesellschaftskritik und Aufdeckung von Missständen gelegen ist, sollten sich fragen, ob nicht der Hass als legitimes Erkenntnis-Instrument dienen kann, und ob nicht die, welche sich vor dem Hass schonen wollen, sich in Wahrheit gegen Erkenntnis und revolutionäre Mittel versperren.

8. Nettigkeiten: Roh und gar

Verrohung

> *»Dr. Oetker kontert genial diesen Hass-Tweet zur Schokopizza – und wird im Netz gefeiert«* (derwesten.de)

Wenn schon die Schokopizza das Recht haben soll, nicht gehasst zu werden, wird es arg: Man bekommt langsam mit, welche Verheerungen die Erwartungen des netten Bewusstseins angerichtet haben. Als nettes Bewusstsein, soviel vorweg, möchte ich hier eine momentan stark grassierende, radikal militante Form des naiven Bewusstseins fassen. Das naive Bewusstsein zeichnet sich dadurch aus, die Vorgänge der Erscheinungsebene schon für die ganze Wirklichkeit zu nehmen. Es denkt in Absehung vom taktischen, strategischen, gelogenen, künstlichen, täuschenden, überhaupt vom gesamten planhaften Gerüst hinter den Dingen und will es nicht kennen. Das nette Bewusstsein macht aus seinem Irrtum seinen ersten und einzigen Grundsatz. Das nette Bewusstsein sieht die *Nettigkeit an sich* als erfolgreiche Kulturleistung der Menschheit, weshalb sich jeder stets an sie halten solle. Die Nettigkeit beweise Erwachsenheit und überhaupt eine Reife, die unzivilisierte Rohheit hinter sich gelassen habe. Wer sich an die Maßgaben der Nettigkeit nicht halte, heißt es, wäre »verroht« oder begünstige die »gesellschaftliche Verrohung«. Mag sein. Doch bei diesem Verrohungsgerede wird es erst wirklich interessant: Man geht, völlig zusammenhanglos und idealistisch, davon aus, alle Teile der Bevölkerung befänden sich bereits auf dem Stand der höchsten zivilisatorischen Reife, alle seien bereits nicht mehr roh, sondern schon *gar*.

So kann dann alles, was den Regeln der Nettigkeit nicht entspricht, als entschiedener Rückschritt aufgefasst werden, als *Ver*-Rohung. Alles war eigentlich sehr super, nett, angenehm und zivilisiert. Auf einmal kamen diese Hasser und verrohten unsere schöne Gesellschaft oder Sprache. Schlimm – da muss man sich mal ordentlich empören statt nachzudenken. Von Verrohung kann nur reden, wer ein völlig naives Verständnis, einen unzureichenden Begriff von bürgerlichen Gesellschaften und deren sozialen Tatsachen hat, wie etwa die linksliberale Diskursmoral-Jammertante vom Dienst Carolin Emcke: »Natürlich macht mir Sorge die Verrohung. [...] Natürlich ist im Moment – und das betrifft nicht nur mich, sondern sehr viele Menschen – eine verrohte, wirklich entgrenzte Aggression im öffentlichen Klima. Das macht mir schon Angst.«[43]

Dass an den bundesdeutschen Verhältnissen – auch *nach* 1945 – längst nie alles *gar*, also gesittet gewesen ist, dürfte keinen überraschen, der auch nur einen Blick in die Geschichtsbücher geworfen hat. Die Behauptung ist selber Teil der liberalen Weltanschauung, der bürgerlichen Rechtfertigungsmaschinerie von Klassenherrschaft.

Auch Linke schrecken nicht davor zurück, solchen Unsinn zu übernehmen: Im explizit links*radikalen* Laika Verlag erschien allen ernstes ein Sammelband mit dem Titel »Kaltes Land. Gegen die Verrohung der Bundesrepublik. Für eine humane Demokratie« (hrsg. v. Rudolph Bauer und Holger Platta). Man könnte diese Leute einmal daran erinnern, dass es wohl höchstwahrscheinlich die »rohen«, ungehobelten Autonomen, Punks und andere Linksradikale – mithin sie selbst – als erste träfe, wenn der verschärftere Kampf gegen »Verrohung« losbricht.

Auch Sascha Lobo ist die »Verrohung« ein Dorn im Auge. Er beklagt den »Hassmob«, eine Art aktualisierte, virtuelle Version des Lynchmobs, die zu einem Popanz der Gefährdung bürgerlich-demokratischer Werte und sonstigen Sozialkundelehrerkitschs aus den Siebzigern zusammengeschustert wird. Dieses Phänomen aber ist Teil des traditionellen Pöbel-Problems. Vor 200 Jahren machte man Goethe-Bücher für Selbstmorde verantwortlich, in den neunziger und Nullerjahren waren es für kurze Zeit die »Ballerspiele« und wiederum kurz darauf Heavy Metal, die plötzlich für die »Verrohung« der Jugend, für Hass, Gewalt, Amokläufe, Attentate, Terror und sonstigen angeblichen Sittenverfall verantwortlich sein sollten. Heute ist es der »Netz-Hass«, weil Liberale (und die lauten Stimmen in den Medien sind allesamt solche) ihre eigene Milieu-Moral auf die ganze Welt projizieren und von dieser erwarten, jener zu folgen.

Psychologisches: Nettigkeit als Krankmacher

Neben der Klassenfrage, die der Kampf gegen den Hass ausblendet, ist es aber auch die Frage des individuellen, psychischen Energie-Haushalts, der ignoriert wird. Das Unterdrücken und Zurückhalten von Aggressionen macht, wie man spätestens seit Freud weiß, das Individuum krank. »Mit der Einsetzung des Überichs werden ansehnliche Beträge des Aggressionstriebes im Innern des Ichs fixiert und wirken dort selbstzerstörend. [...] Zurückhaltung von Aggression ist überhaupt ungesund, wirkt krankmachend (Kränkung).«[44]

Vernünftige Gesellschaften schaffen da zivile Möglichkeiten des Umgangs. Das Netz könnte eine solche sein, aber es ist ebenso klar, dass es im Interesse all der medial engagierten Liberalen wie Emcke, Lobo oder Böhmermann liegt, Knechte zu haben, die *nicht* hassen und also *krank* sind. Wer krank ist, hält die Klappe und darbt. Wo nicht aufgemuckt wird, besteht keine Gefahr für die herrschende Klasse. So kämpft man gegen das Aufbegehren der Verarschten, indem man gegen den Hass angeht.

Mit der systemnotwendig *en masse* vorhandenen Unzufriedenheit, der Erfolglosigkeit, Unausgeglichenheit, dem

Gescheitert- oder Verzweifeltsein, dem Elend der Verhältnisse und der durch diese erzeugten eigenen Existenz, lässt sich nur auf zwei Weisen umgehen:

(a) Man richtet die Wut nach innen, auf sich selbst, entwickelt mehr und mehr Komplexe, Neurosen, wird psychisch krank. »Den Übergang von verhinderter Aggression in Selbstzerstörung durch Wendung der Aggression gegen die eigene Person demonstriert oft eine Person im Wutanfall, wenn sie sich die Haare rauft, mit den Fäusten ihr Gesicht bearbeitet, wobei sie offenbar diese Behandlung lieber einem anderen zugedacht hätte.« (Freud)[45]

Oder (b) man kehrt die Wut nach außen, lebt sie aus, richtet sie gegen andere – dann ist es Hass. In seiner vernünftigsten Form nimmt dieser die Gestalt des kommunistischen Klassenkampfs an, des abgekühlten Hasses der Vernunft. Das wollen die Liberalen natürlich verhindern, wie sie alles Gesellschaftliche und gesellschaftlich Erzeugte, wie den Hass, aufs Individuum abwälzen: Das Schlachtfeld des Liberalismus ist das Innenleben des Einzelnen. Erst später zeigt die mahnende Klasse des Landes sich dann besorgt über die Statistiken mit steigenden Krankenraten und kann sich wieder öffentlichkeitswirksam empören und Jammern über Suizide jener Jugendlichen, denen man einen Monat zuvor noch das Sondereinsatzkommando auf den Hals hetzen wollte, weil sie auf Facebook irgendeinen Kapitalknecht angepöbelt haben.

Es muss keine Bürgerkriege mehr geben im liberalen Lande. Das wurde erkauft zu einem hohen Preis: Die Menschen haben den Bürgerkrieg jetzt im Inneren. »I have a war in my mind« (Lana del Rey, Ride). Weil die Anti-Hass-Romantiker diesen weiterhin im inneren des Einzelnen beibehalten wollen, mühen sie sich, dass er nicht nach außen dringe: Sie wollen mehr Symptombekämpfung, mehr Medikamente, mehr Zurechtweisung, mehr Psychiatrie, mehr Knäste (»Besserungsanstalten«), mehr Kranke, mehr Missmut, mehr Unzufriedenheit, mehr Innerlichkeit, mehr

Selbstbeschädigung. Womit sich Ohnmacht und Hass natürlich nur verstärken und »die ganze Scheiße« (Marx) wieder von vorn losgeht.

Marxisten plädieren deshalb seit geraumer Zeit dafür, stattdessen die Schädigung der Gesellschaft voranzutreiben, also als ersten Schritt zu deren revolutionärer Überwindung den Weg des Hasses zu bestreiten. Nahezu jeder Klassiker der Literatur hat das schon immer verstanden. Der dialektische Materialismus sowie die großen Weisen des künstlerischen und revolutionären Hasses könnten lehren, den Hass endlich als eine Selbstverständlichkeit, als *Grundlage für gesellschaftliches Treiben überhaupt,* als Normalität zu betrachten und nicht davon auszugehen, er sei ein Gift, das von einigen Bösen, von außerhalb der Gesellschaft komme, sich dort im Jenseits wundersamerweise und ursachenlos zusammenbrodele und dann dreisterweise im Diesseits äußere.

So vieles auf der Welt ist Ausdruck von Hass, aber von verdecktem. Wo bleibt der ehrliche, erhabene Hass?

Bürgerliche Werte und Formen: Zumutungen des Netten

Seit Generationen versuchen die linken Netten, die soziale Frage durch Nettigkeit zu lösen. Doch der Kapitalismus will einfach nicht einknicken vor ihren Kunststücken. »Nett«, das war deshalb in gesitteten Kreisen einmal zurecht ein Schimpfwort. Man wusste, Nettigkeit ist eine Erfindung der Bourgeoisie, um das Proletariat von der Revolution abzuhalten.

Nicht, dass man nicht hin und wieder nett sein könnte. Doch das *verabsolutierte Prinzip,* die Nettigkeit als *Grundsatz*, hat sich zum veritablen Irrsinn ausgewachsen. In den *Sozialen Medien* äußert sich das in der Rede von der »Netiquette«, der modernisierten Form der *Etikette*, die aber im Gegensatz zu dieser nicht als Verhaltens-*Empfehlung* gedacht ist, mit welcher sich der Alltag leichter bestreiten ließe und deren Nichteinhaltung jeder selber zu verantworten hat, sondern von vornherein keine Wahl lässt und sofort jeden auf Nettigkeit *verpflichtet.* Nettigkeit aber, die zur Pflicht geworden ist, kann nur noch Farce sein.

Beim gegenwärtigen Geblödel der »Nettiquette« hat man es letztlich mit einem Update der alten adligen Gentleman-Sozial-Romantik zu tun, wie sie von Leuten wie Stanhope Earl of Chesterfield verbreitet wurde und deren Funktion es war, dass das Individuum die gesellschaftlichen Widersprüche und Probleme gefälligst mit sich selbst ausmache und in seiner eigenen Psyche ausbade. Da wurde dann davon gesprochen, »ein Herr habe auf Anstand, Stil, Höflichkeit zu achten« um gegen die »Verpöbelung der Welt« (Chesterfield) anzugehen. Heute ist dieser ganze Quatsch wieder da, aber noch schlimmer: als »Nettiquette«, von sorgenvollen jungen Menschen mit »emanzipatorischen« Absichten in die Welt gesetzt, als falsche Übertragung von Nettigkeitsregeln aus dem Sozialen und dem Fundus pseudo-psychotherapeutischer Übungsprinzipien (»Selfcare«) ins Öffentliche des Internets.

Nun wird heute auf der Ebene des Zwischenmenschlichen die Kapitalherrschaft mittels Nettigkeit exekutiert. Was ist ein Polizist mit Schlagstock gegen die freundliche Callcenter-Agentin? Gegen die Nettigkeit der Kundenservice-Mitarbeiter, die jeden in ruhigem Ton davon überzeugt, dass alles genau so richtig sei, wie es gelaufen ist, obwohl es falsch gelaufen ist, scheint selbst das Böseste machtlos. Was auch immer in solchen Atmosphären nun von überspannten Nettiquette-Hütern als störend oder »toxisch« empfunden wird, kann im Sinne des sozialistischen Klassenkampfs nur fortschrittlich sein.

Die Verpöbelung der Welt bringt konsequenterweise auch die Verpöbelung des Redens und des Netzes mit sich. Dort zu kommunizieren, kann nur heißen, zu pöbeln.

Schaut man sich die – angeblich bloß formellen – bürgerlichen Umgangsweisen, wie sie von Verteidigern der

Nettigkeit empfohlen werden, einmal genauer an, zeigt sich, dass diese in Wahrheit bereits *Inhalte* sind, nämlich solche, die die Begriffsvorrichtungen munitionieren, die im Klassenkampf von oben eingesetzt werden. Wenn der rechtsliberale Springer-Chefredakteur Ulf Poschardt etwa auf Twitter (am 18. April 2020) verkündet, sein »Wunsch« wäre »ein Magazin namens HAYEK, so *lässig, schlau, elegant und modern*« wie das »Jacobin«-Magazin, dann sind vermeintlich formale Attribute wie Lässigkeit, Eleganz und Modernität eben schon *inhaltliche*, nämlich *bürgerliche Werte*, die diskursbestimmende Bourgeois wie Poschardt erfüllt sehen wollen, bevor sie auch Linke – hier in Form des deutschen Ablegers des sozialdemokratischen Bernie-Sanders-Fanblatts *Jacobin* – überhaupt als Diskussionsteilnehmer ernstzunehmen gedenken. Es ist der alte Trick, den Linke etwa von der »wissenschaftlichen Arbeit« an der Universität kennen: Man gibt vor, es gehe lediglich um Formalitäten, die einzuhalten seien, aber die Konsequenzen solch formaler Rahmen bestimmen schon den Inhalt. Die Ideologie steckt bereits in den Äußerlichkeiten, im Design. Es soll nicht möglich sein, im Rahmen dieses Formellen der bürgerlichen Ideologie etwa kommunistische Inhalte zu kommunizieren. Das Formelle – etwa: Nettigkeit, Höflichkeit, Lässigkeit, Eleganz, Modernität usw. – signalisiert schon: »Es ist alles in Ordnung, bitte gehen Sie weiter, es gibt nichts zu sehen.« Die marxsche Kategorie des Klassenkampfs soll nicht gelten, weil Kampf gleich Gewalt und Gewalt gegen die Grundprinzipien des bürgerlichen Staats – womit es natürlich immer nur die Gewalt der Ohnmächtigen, der Proleten ist, die verboten wird, während die Regierung freilich weiterhin ganze Volksstämme wegbomben darf.

So will ein von bourgeoisen »Werten« geprägter Diskurs den Arbeitern einreden, auch der Alltag und das Internet seien natürlicherweise Räume der Nettigkeit und keine Plattformen für den Klassenkampf. Aber gerade hier hat der Arbeiter, der Kommunist Möglichkeiten, die genutzt werden müssen. Denn natürlich sollten Soziale Medien benutzt werden. Aber nicht so, wie von ihren Erfindern und Verteidigern gewollt. Man bedenke, dass der Arbeiter und Kommunist Bertolt Brecht auch die bürgerliche Einrichtung des Theaters benutzte – auf seine kommunistische Weise. Man bedenke ebenso, dass es unter Klassenkämpfenden unüblich ist, ihrem Klassenfeind sonderlich gefallen zu wollen oder ihm mit Höflichkeit zu begegnen. Auch Robespierre hat nicht nett beim Adel um Audienz gebeten. Nettigkeit und andere Ansprüche bürgerlicher Höflichkeit wie die der »Nettiquette« *können* kein Mittel im Klassenkampf sein. Klassenkampf aber ist notwendig zur Erlangung des sozialen Fortschritts. Es gibt eine notwendige Brachialität der Klassenkämpfer und somit einen *Sinn* des Hasses, eine Pflicht zu ihm, so schlimm sich das für liberale Elendsleugner auch anhören mag. So sehr also ein freundlicher Umgang der Menschen untereinander den Alltag angenehmer gestaltet, so wichtig ist der *Hass im Netz und in der Kunst* für die Weitertreibung des wissenschaftlichen Fortschritts und des Klassenkampfs.

Was Nettsein heute bedeutet, bestimmt das Presse-Monopolkapital, im Zweifelsfall der Springer-Konzern: Nett ist, wer den Kapitalismus lobt oder zumindest nicht allzu hart angeht. Nett ist, wer vorgibt, sich um die Alten, die Kranken, die Kinder zu sorgen. Nett ist, wer will, was alle wollen – Friede, Freude, Gesundheit, Eierkuchen –, ohne eine Macht hinter sich zu haben, die das auch erkämpfen und realisieren könnte. Nett ist, wer sich nur mit anderen Netten umgibt. Nett ist der naive Glaube an irgendwelche Ammenmärchen. Nett sind also leider auch die Linken geworden. Weil die ständige Gereiztheit, eine stets aufgeschreckte Grundnervosität und damit die Bereitschaft zur Empörung, die das Leben in bürgerlichen Gesellschaften hervorbringt, für jene, die die Erziehungs- und Reichtumsverteilungs-Verlierer sind, bloß noch Modi wie Altruismus,

Mitleid[46], rigidesten Moralismus usw. übrig lässt, mit denen sich Ohnmacht und Knechtschaft heute rationalisieren.

Diese emotionale und moralische Überspanntheit vor allem bei Linken bringt das Bedürfnis nach Schonung mit sich und also das nach Nettigkeit: Wer selber nur nett sein kann, will damit in Wahrheit dem Streit aus dem Weg gehen, er will andere dazu bringen, sich auf sein Feld, das der Nettigkeit, herunterzubequemen. Auf diesem Felde kann er, der Diplomat, geschützt durch die Bollwerke der Moral und der Geisteskrankheit namens »gesunder Menschenverstand«, immer als Sieger hervorgehen, ohne selbst etwas riskieren zu müssen.

So macht Not Feige aus ihnen allen: Es spiegeln sich in der eingeforderten Nettigkeit nur die materiellen Verhältnisse, die Ohnmacht und die ökonomische Abhängigkeit jener Leute.

Die Linken haben sich zurückgezogen in ihre *safe spaces*, in ihre autonomen Bubbles, Flausch-Communities, ihre sorgsam abgesteckten Nettigkeits-Zonen – und jene postlinken jammerlappigen Provokations-Hampelmänner vom Schlage der Ideologiekritiker willfahren diesem Bedürfnis bloß, indem sie ihre eigene geschlossene Anstaltsmoral kultivieren, die zur Kommunikation nicht mehr fähig ist. Wenn ein Linker heute, wie im Fall von Bernd Riexinger, ein mal aus Versehen die völlig selbstverständliche Aussage tätigt, dass Kapitalisten nach der Revolution gemeinnützige Arbeit zu leisten hätten, wird sich wenige Stunden später sofort bei Springer, FDP, BDI und CDU entschuldigt.

So werden in der großen Öffentlichkeit die Positionen von Radikalität, Tabubrecherei und intellektueller Randale frei für andere – für die Rechten. Peter Sloterdijk etwa macht heute in der Tat nichts Anderes als damals die 68er: Provozieren. Sie hauen auf den Putz, denn sie wissen, dass heute die einzige effektive Werbung für egal was die Provokation, das Spielen mit Tabus, das Reinscheißen von hot takes in den Diskurs ist.

Klar erkannt hat das auch der rechte Boulevard, der sich im Vergleich zu all den netten (antiautoritären, »kritischen«, d.h. verschreckten) Linken nun wunderbar als Rebellion und Machtkritik gerieren kann. Die das Böse beobachtende Klasse ist selbst zur bösen, also Politik treibenden geworden. Julian Reichelt etwa, dieses Downgrade von Charles Manson, will die Welt brennen sehen, doch leider hat es bei ihm nicht zum Rebellen, zum Sektenführer oder Serienmörder gereicht, sondern nur zum ordinären, aber lauten Kapitalknecht, dessen reaktionärer Eifer wie Rebellentum ausschaut – zumindest im Vergleich zu in universitären Diskussionszirkeln »assoziierten«, also handzahmen Sozialkritikern.

Als gäbe es so etwas wie eine oberste Menschlichkeits-Überwachungsbehörde, bei der man ständig Werbung dafür machen müsse, dass die Menschen im Großen und Ganzen doch ganz entzückend seien, oder als existiere eine Regierung, bei der man moralische Treuepunkte sammeln könne, übernimmt man als linker Aufgeregter die Aufgabe, all das Leid der Welt in sich zu verkörpern und selbst noch dort mitzuleiden, wo gar nicht gelitten wird. Man repräsentiert nur das genauso platte und falsche Gegenteil der kaltherzigen Rechten und versucht damit sozusagen das Karma der Menschheit im allgemeinen auszugleichen. Gott möge die Punkte für Unmenschlichkeit in Flensburg annullieren. Kriege, Elend, Hunger und Vernichtungslager sollen Ausrutscher einiger weniger übel Gesinnter gewesen sein. Dass es aber weder Gott noch sonst eine Behörde gibt, die solcherlei Beschwerden entgegennähme und es deshalb völlig egal ist, was sich diese schönen Seelen so an tollen neuen Modellen der Warmherzigkeit ausdenken, interessiert sie nicht. Linke Revolutionäre hatten mal ein Bewusstsein von notwendigem (Klassen-) Hass und dem Wissen von Notwendigkeit der Brachialität. Es verstimmt doch einigermaßen, das nun alles in einer Brache der Nettigkeit verfallen zu sehen.

Man mag den Empörten zurufen, dass da, wo sie hinwollen, wir Bolschewisten schon herkommen, denn es handelt sich doch bei ihnen um bloße Karikaturen von Erleuchteten. Der Erleuchtete zeichnet sich klassischerweise nicht dadurch aus, dass er ständig davon schwadroniert, endlich den Ausgang aus Platons Höhle erreichen zu wollen, sondern dass er bereits aus diesem ans Licht getreten und zurückgekehrt ist, um die Gebannten (also: die an die emotionalen Staatsmaschinerie Angeschlossenen, die Empörten und Aufgebrachten, die Schar von in der Höhle gefesselt Sitzenden und Ditfurth-Vorträge auf der Leinwand Glotzenden) mittels Einprügeln von Vernunft vor die Notwendigkeit zu stellen, zunächst mal der Änderung, meinetwegen die Revolution des eigenen Lebens zu bewerkstelligen, um dann – nicht die Höhle neu einzurichten, sondern: – im Lichte der Wirklichkeit als Mündiger das sittliche Geschehen zu organisieren, also überhaupt die Fähigkeit zur Revolution aufbringen zu können.

Wem das in seinem statt nach begriffsbildender und revolutionärer Arbeit bloß nach moralischer Genugtuung darbenden Gemüt schon wieder zu viel der Anstrengung ist, sollte es doch wirklich einfach bleiben lassen mit all dem ewig gleich langweiligen und vollkommen hirnlosen Social-Media-Gejammer und seinem sich selbst ständig selbst prophezeienden und in Kreisen des immer größer werdenden Schwachsinns verlaufenden Aufgebrachtheits-Drunterkommentier-Gebullshitte.

Das Bewusstsein der schönen Internet-Seele verwechselt sein bloßes Nettsein mit Gutsein; aber wer nicht nur gut (also: ohnmächtig und tatenlos) sein will, sondern konkret Gutes (im Sinne des Wahren, Schönen, Guten) tun will, darf nicht nett sein – denn auch Nettigkeit ist bloß ein Vermittlungsverhältnis, es mag hier nützlich sein, wo es anderswo schädlich für das Richtige ist. Das Richtige jedenfalls kann nicht darauf Rücksicht nehmen, in welchem Verhältnis nun gerade welche Art der Vermittlung des Inhalts genehm ist.

Desinteresse an Harmlosigkeit

Die Erkenntnis außerdem, dass, wer nett ist, es nur deshalb ist, weil er etwas im Schilde führt, ist trivial. Trotzdem wird sie von den meisten vergessen oder verdrängt. Einer der Vertreter des verschärften bürgerlichen Klassenkampfs mit den Mitteln der Nettigkeit, Peter Sloterdijk, plaudert es jedoch dankenswerter Weise ganz offen aus:

»Hinreichend starke Akteure machen sich gegenseitig freundlich, klug und kooperativ – und trivialisieren sich naturgemäß auch reziprok. Sie tun dies, weil sie einander erfolgreich im Weg stehen und gelernt haben, ihre jeweiligen Interessen aufzurechnen. Indem sie nur bei Aussicht auf Gewinnteilung kooperieren, verstärken sie nur die Plausibilität des Postulats, die Spielregeln der Reziprozität mögen den anderen ebenso einleuchten wie ihnen selbst. Dies gilt für interagierende Staaten ebenso wie für private Akteure.«[47]

Dieser durch und durch großbürgerliche (»hinreichend stark«, das heißt vor allem: materiell verfügend) Konsens wird in Zeiten des Netz-Hasses von den Hatern und Trollen angezweifelt. Denn natürlich war dieser Konsens stets partikular; schließlich haben die Mitglieder der prekarisierten und abgehängten Klasse leider schon lange überhaupt keine »Interessen« mehr, denen sie nachgehen könnten, auch keine »Aussicht auf Gewinne«, und damit auch keinerlei Interesse an »Kooperation«. Man sollte sich mit dem unappetitlichen Gedanken anzufreunden beginnen, dass wesentliche Teile der Menschheit keine Hoffnung mehr haben, weil sie vom Kapital und dessen Verwertungsregime objektiv überflüssig gemacht wurden und sich das zur Zeit in Phänomenen wie dem Netzhass ausdrückt.

Diese Leute haben den Krieg in sich und wollen ihn nach außen tragen. Man kann hoffen, dass es einer vernünftig agierenden Kommunistischen Partei gelingt, diese Gelüste dahingehend zu kanalisieren, dass es nur zu einzelnen, gezielten Ausbrüchen im Sinne der proletarischen Revolution kommen mag, bevor noch die ganze Welt in Flammen steht. Hingegen ist überhaupt kein Wunder, dass, je stärker man Bolschewistische Parteien, marxistische Klassenkämpfer und linke autoritäre Organisationen bekämpft, verfolgt, verbietet und verächtlich macht, desto mehr Leute sich den Faschisten anschließen, AfD wählen und ihr Heil in sonstigen rechten Gewaltausbruchsphantasien zu sehen beginnen.

Hassende haben nicht die Muße für Höflichkeiten. Höflichkeit und Nettsein mögen ihren sozialen Nutzen haben, aber eben nur für solche, die noch einen Nutzen im Nutzen sehen und überhaupt die Aussicht haben, Nettigkeit könne sich lohnen. Welcher Hassende will denn sozialen Profit? Dieser Zug ist dann doch schon lange abgefahren. Der Hasskriminelle Friedrich Nietzsche z. B. verbrachte die letzten zehn Jahre seines Lebens in einer Anstalt; er tat in den Jahrzehnten davor so ziemlich alles, dass es dazu komme. Einer wie Sloterdijk kann mir nicht erzählen, dass ein Philosoph wie Nietzsche unter die Maßgaben solcher Kooperations-Interessen fiele. Die Battle Rapper und perspektivlosen Prekären, die Gewaltgamer und Social-Media-Pöbler von heute sind alles kleine Nietzsches. So schwer ist das nicht zu verstehen.

Nettsein im Netz, das ist der Anspruch saturierter Schichten oder jener Verzweifelten, die noch der Illusion anhängen, ein Befolgen der bürgerlichen Benimmregeln brächte ihnen mehr ein als gequältes Mitleid der volksfürsorgenden Klasse.

Taktvoll und Taktlos

»Takt«, heißt es bei Helmuth Plessner, »dient der Entspannung unter Menschen, die man nicht kennt. Hier ist das oberste Gebot, an fremden Orten nicht so zu tun, als sei man zu Hause und damit die anderen zu belästigen. Takt nimmt Rücksicht, man tritt dem anderen nicht zu nahe, ist feinfühlig, um Verletzungen des anderen zu vermeiden. Der taktvolle Umgang misst den anderen nicht an einem selbst. Seine Zartheit zeigt Respekt vor der anderen Seele, indem sie diese nie zu nah, aber auch nie zu fern kommen lässt. In dieser Sphäre gibt es nur Schonung, es geht nicht um Wahrheit. In vollendeter Anwendung merkt der andere nicht einmal, dass er taktvoll behandelt wird: Takt zeigt sich dann als Natürlichkeit.«[48]

Wie die in ihrer politischen Hilflosigkeit abstrakt guten Linken heute, hat damals der bürgerliche Soziologe Plessner die Netiquette des Zwischenmenschlichen auch in der Sphären von Kunst und Politik eingefordert:

»Taktlos ist der Expressionismus in der Kunst, wegen des ungehemmten Ausdrucks, der soziale Radikalismus ist die Ethik der Taktlosigkeit, weil er alle Schranken einreißen möchte. Taktlosigkeit bedeutet Rücksichtslosigkeit, Eindeutigkeit, Entseelung, Sittengesetzfanatismus, Schrankenlosigkeit, Maschinenmenschen. Hier geht es nur um das Erreichen eines Ziels, eines Zwecks, während hingegen Takt selbst grundlos ist. Wahrhafte Güte braucht keinen Grund um zu handeln.«[49]

Plessners Ausführungen zeigen sehr schön dieselbe Begriffslosigkeit gegenüber Funktionen des Gesellschaftlichen, die Rechts- und Linksliberale verbindet und überhaupt den Liberalismus als solchen konstituiert: Wer sich – egal wo – nicht den Beschränkungen, den Beschränktheiten des »Taktvollen« (bei den Empörten heute: »Nettigkeit«) voll unterwerfe, sei Fanatiker (heute: »Hater«), »Maschinenmensch« (heute: »Troll«), »schrankenlos« (heute: »toxisch«), »rücksichtslos«, (heute: »mikroaggressiv«) usw.

Umso bemerkenswerter ist, wie sich diese beiden – in den grundlegenden Fragen kaum unterscheidenden – Fraktionen des Liberalismus heute immer noch erlauben, das Schauspiel rechts gegen links aufzuführen, so als tobte dort ein erbitterter Kampf um ganz grundsätzlich andere Werte – wo sie doch für *dieselben Werte* lediglich *andere Worte* aufbieten.

Nun ist die bürgerliche Gesellschaft eine, in der jeder ständig die Erfahrung machen kann, dass manche wenig oder kein Taktgefühl besitzen, ein solches abgewöhnt bekommen haben oder gleich gar nichts empfinden. Sicherlich ist sowas im zwischenmenschlichen Alltag immer wieder ärgerlich. Aber so schlimm, dass das Abendland deshalb in Gefahr wäre, ist es nun – bedauerlicherweise – auch wieder nicht. Mir scheint es auch nicht allzu schwer, einmal zu sehen, dass manchen Menschen die Konvention des Takts oder der Nettigkeit einfach ziemlich egal sind oder sie das Taktgefühl anderer bewusst herausfordern – was darauf schließen lässt, dass der Takt, wie auch die Moral, weil sie kein bloßes Ding sind, sondern ein *Verhältnis zwischen Menschen,* immer auch ihr Gegenteil, die taktlose Provokation miterzeugen. Und das nicht ursachenlos: Von Takt und Moral gehen schließlich immerzu falsche Versprechungen aus, die nicht eingelöst werden. Menschen sind enttäuscht, weil sie etwa Geschädigte eines Verbrechens, Objekt von Amoral oder Taktlosigkeit wurden. In ihrer Enttäuschung wenden sie sich dann *gegen* diese Instanzen der Versprechungen. Jahrzehnte des taktvollen und netten Betragens haben sich nicht nur nicht gelohnt, sondern sogar geschadet: Die Gefängnisse und Psychiatrien sind voll mit Leuten, die Amok liefen, nachdem sie doch jahrelang »so nette, unauffällige Menschen« gewesen sind. So entsteht die Anti-Moral (besonders bei den enttäuschten Pfaffenkindern, z. B. Nietzsche, Ensslin usw.) und das Nicht-Taktvolle (Kunst). Die Pöbelei im Internet ist daher bedauerlicherweise Systemnotwendigkeit. Die gesellschaftlichen Verkehrsformen entspinnen zwischenmenschliche Verhältnisse, die aufgespalten sind: es kann in antagonistischen Gemeinwesen keine gute Seite geben, ohne dass sie gleichzeitig Böses erzeugte. Es existiert kein Knecht ohne Herr. Selbst Linksliberale scheinen das irgendwann mal gewusst zu haben. Jetzt aber, wo sie sich selber im »Kreuzfeuer« des »Mobs« sehen (also auf Twitter angepöbelt werden) und bedroht fühlen, rufen sie nach Staat und Netz-DG.

Valie Export: Für einen neuen Hass von links

> *»It's a new art form, showing people how little we care.«*
>
> (Lorde, Tennis Court)

Selbst der Einsicht in die bürgerliche Realität nicht immer sonderlich zugeneigte Bewegungen wie der Anarchismus hatten in den 70er Jahren noch Vertreterinnen, die auf materialistische, realistische Weise umgehen konnten mit Aggression und Hass, auch den eigenen *bösen Bedürfnissen* – statt wie heute diese zu leugnen oder in mitfühlende Solidarität umzulügen. Die Aktionskünstlerin Valie Export z. B. ging auf einen »Kriegskunstfeldzug«, sie »habe auch Leute ausgepeitscht. Das war die Zeit, da ist man aggressiv, da greift man zu Mitteln, die aggressiv sind, das macht auch Spaß.« Sie und ihre Mitstreiter »wollten Aggressionen provozieren« und waren davon überzeugt, dass ihre Aggressionen und die der anderen etwas vorangebracht haben: »Wenn viele Menschen dieselben Aggressionen haben, dieselbe Wut haben ... dann ist Veränderung möglich.«[50]

Heute wollen sich die feinen Damen und Herren nicht mal im Netz beleidigen lassen. Aggressionen anderer werden nicht mehr als revolutionäres Potential gesehen, sondern nur noch als Bedrohung der eigenen feigen Existenz und der ihr angeschlossenen mickrigen Milieus. Man lässt sich nicht nur jede Chance zum Kämpfen, zur Entwicklung, zum Vernünftigwerden entgehen, man tut auch noch alles dafür, dass diese Chancen sofort verschwinden, ja bekämpft sie. Wie immer, wenn man nicht zum Zuge kommen will oder kann, wird dann das Moralische in Stellung gebracht, das letztlich immer als Indikator von Unfähigkeit und Unbildung auftritt.

Nicht, dass nun gegen Moral gehetzt werden müsste; aber der Unterschied sollte begriffen werden zwischen einer solchen und bloßer Moralität, deren Bewusstsein einen moralischen Wert lediglich instrumentalisiert, um selbst besser dazustehen. Verbindliche Moral als *Ergebnis* oder Einigung nach Auseinandersetzungen (etwa in einem sozialistischen Staatswesen, einer Familie, dem Freundeskreis usw.) ist etwas völlig Anderes als eine Moral *vor jeder* Auseinandersetzung, die dann nur ein Mittel ist, nicht zum Kern, zum wirklichen Inhalt der Sache vorzudringen und die einfach als subjektivistischer Maßstab dient, mit dem alles von einem ferngehalten wird, was den eigenen Vorurteilen widerspricht. Man kann eine moralische Position einnehmen – *nach* dem Denken. Aber heute wird ohne zu denken sofort schon an irgendeine Moral geglaubt. Das moralische *Nachempfinden* ist zum *Statthalter* des Denkens geworden; als Ersatz dafür, qua Ideen und Gedanken ein Begreifen zustandezubringen, das den Namen verdient, werden die Gedankengänge aus ständiger Furcht, man verhalte sich irgendwelchen sozialen Zusammenhängen oder Autoritäten gegenüber unangemessen, sofort aus Kategorien der Moral gebildet. Man kennt das etwa, wenn sich besonders radikal dünkende Linke in Phrasen ergehen wie »XY hat mal dies und jenes gesagt/ist Antizionist/alt, weiß, männlich/etc., da brauche ich mich gar nicht erst mit dessen Inhalten zu befassen«: So wird die Moralität zur Gefängnistür, die man sich selbst verschließt. Die Moral *vor* jeder Auseinandersetzung soll den Streit und die Erkenntnis gar nicht erst aufkommen lassen, sie ist nichts Anderes als die schönseelische Form des Ressentiments.

Mit Künstlerinnen wie Valie Export (oder heute: Marina Abramović) gab es noch Menschen, die sich etwa dem Punk zurechneten, dem Anarchismus, und nicht nur den ganzen

Tag rumheulten, sondern tatsächlich einen erwachsenen Umgang mit Hass und Aggression fanden.

Man warf sich in irgendwelche Kämpfe, auch in physische Streits und Schlägereien, betrieb Selbstverletzung, brachte Opfer, um *wirklich und vernünftig* zu werden. Heute hingegen *ernennen* sich die Nachfolge-Generationen jener Strömungen vorsorglich und vor allen Auseinandersetzungen zum Opfer – statt Opfer zu *bringen,* so dass überhaupt ein Leben auf einer würdevollen Höhe stattfinden kann. Man opfert rum, bleibt unterhalb der eigenen Würde, indem man Verständnis oder gar Mitgefühl von einer Gesellschaft und deren mächtigsten Repräsentanten erwartet, deren Funktion das Gegenteil ist.

Die Reinform der Geistesstörung, die hier vorliegt, ist am besten als Kampfes-Leugnung zu fassen: Jene Träger des empörten Bewusstseins sind allesamt in Kämpfe geworfen, also qua Angehörigkeit zu einer unterdrückten Klasse auf Klassenkampf angewiesen und zur Führung des Klassenkampfs gezwungen, und trotzdem ignorieren sie seine Existenz und seine Anforderungen an sie persönlich. Der Verfasser nennt diese Haltung deshalb eine Geistesstörung, weil sie den objektiven Interessen dieser Menschen zuwiderläuft. Das Herumwankeln ist eine Form der Selbstsabotage, ebenso wie die sozialdemokratischen Rezepte »gegen den Hass« und die linksliberale Aufregung über Verhältnisse, die keine »Missstände« sind, sondern von Marx bereits vor 150 Jahren materialistisch als logische Entwicklung in kapitalistischen Gesellschaften beschrieben wurden.

So kommt es zu den Aktionen *gegen den Hass:* indem man Elend, Hass, Aggressionen, Gewalt usw. weit von sich schiebt, denkt man, man könne sie aus der Welt schaffen. Die realen Kämpfe werden ignoriert oder geleugnet, wie man überhaupt große Teile der Wirklichkeit leugnet, damit sie mit dem Bild von ihr übereinstimmen. Man dünkt sich zu schwach, um seine objektive Aufgabe in ihnen zu erfüllen, weshalb man sie mittels Hassbekämpfung und »Organisierte-Liebe«-Kampagnen – dem völligen Tiefpunkt bürgerlicher Verzweiflung – von sich weist. Aber irgendwie bricht sich die Realität doch immer Bahn. Das sucht der Verfasser zu greifen, wenn er Empörte, Hassbekämpfer und Überreagierende als naiv bezeichnet: Nicht dass sie einfach schwache Deppen sind, auf die man auch noch einschlagen solle; sie sind ja nicht »schuld«. Sie sind nicht schuld an ihrer Schwäche, aber sie scheinen an der Unschuld, der Nettigkeit zu hängen, die die eigene Schwäche perpetuiert. In der Social-Media-Öffentlichkeit dient das Gefasel gegen den Hass und für die Nettigkeit und behauptete Unschuld der Rechtfertigung des Gesamtbetriebs aus Hass und Nettigkeit. Die sich diesem Prinzip Unterwerfenden aber sind damit Gefangene der Maschinerie; sie sind, auf ihr abstraktes Gutsein, ihre Nettheit verweisend, bloße Mündel der Macht, also das Objekt ihres Gegenteils, indem sie bereitwillig genau jene Rolle einnehmen, die ihnen zugewiesen wurde.

9. Schluss: Das Ethos des Textes

Die Erwachsenen-Erkenntnis, dass es nie einfach um die reine Moral gehen kann, wird sekundiert von der Erkenntnis der sich selbst reflektierenden, dialektischen Vernunft, dass es auch nicht um den reinen Verstand oder »pure Vernunft« zu tun sein kann, sondern um *angemessene Begriffe*, in denen Bestimmungen, Gefühle, Einschätzungen, Moral usw. aufgehoben sind. Von Belang ist also die Bestimmung des Verhältnisses von Abgeklärtheit und Empörung, von nüchternem Begriff einerseits und emotionsbesoffener Moralität als Mittel des Aufhetzens andererseits.

Viele Linke scheinen gegenwärtig leider dem Moralitäts-Konsens eher zugeneigt als dem Begriff und gehen damit abermals der liberalen Ideologie auf den Leim.

Der Hass ist nichts Anderes als entäußerte Wut, Groll, der nicht im Inneren verbleibt, sondern sich nach außen kehrt in Verhältnissen, in denen er ganz und gar angebracht ist, weil diese ihn beständig hervorbringen. *Er spielt »den versteinerten Verhältnissen ihre eigene Melodie vor, um sie zum Tanzen zu zwingen«*,[51] gibt also ein Beispiel dafür, was Marx als revolutionäres Mittel gegen bürgerliche Verhältnisse forderte. So ist dieser Hass doch immerhin so erfolgreich, dass er die Debatte um ihn entfacht, und bezeugt dadurch, auf welcher Seite im Klassenkampf sich nicht nur Liberale, sondern auch große Teile der Linken tatsächlich befinden, wenn sie den Kampf gegen das *Symptom Hass* bereits als wichtiger erachten als den gegen die bürgerliche Gesellschaft, ihre Einrichtungen und Ideologie, die dessen *Ursache* sind.

Denn wesentliche Angelegenheiten der grundlegenden ökonomischen Verfasstheit der Gesellschaft werden auch von den linken Empörten auf moralische und private Geschmacksfragen runtergebracht. Wenig überraschend unterscheiden sie sich darin überhaupt nicht von ihren liberalen und rechten Kritikern. Auch diesen kommt es auf Moral, Geschmack und Empörung an, nur eben auf eine *andere* Moral, einen *anderen* Geschmack, eine *andere* Art Empörung.

Es liegt hier prinzipiell dieselbe *Form* des Bewusstseins vor, wie auch der Unterschied *Hasstroll vs. angegriffene empörte schöne Seele* nur ein scheinbarer ist, weil noch beide dieselbe Stufe des Bewusstseins teilen, nämlich des subjektivistischen, sich auf Gefühle, Affekte statt Inhalte als Letztlegitimation berufenden – als seien verletzbare Gefühle eine Einzigartigkeit, mit der sie allein wären und daher einen Sonderstatus einfordern könnten.

Beide Seiten halten unisono eine Ideologie in Gang, die sich davon nährt, dass Behauptungen wie jene im Umlauf sind, es gehe um Moral, Geschmack, Gefühle usw., wo es um Erkenntnisse, Begriffe und Bestimmungen zu tun ist. Ausschließlich – gesprochene wie geschriebene – *Texte* aber sind es, die solche beinhalten. Die Rationalität und Exaktheit angemessener Begriffe ist nur im unkorrumpierten Text möglich. Der Verfasser nennt die Aufrechterhaltung der Möglichkeit zu solchem Text und damit zur verbindlichen Begriffsbestimmung den *Ethos des Textes.* Ein solcher ist, wenn auch zwischen den Zeilen und inoffiziell, seit Jahrtausenden erprobt und gültig. Er besagt, dass der Inhalt eines Textes nur dem Text und anderen Texten und den von diesen etablierten Kriterien verpflichtet ist – dass also sein Autor oder Sprecher in der Tradition der Verfasser von Texten steht und sich in seinem Schreiben und Reden auf diese als Text-Gesamtheit bezieht und nicht auf Erscheinungen, die gerade als Gefühls- oder Moral-Mode angesagt sind.

Mit den privaten Ethiken oder den politisierten Moralformen geht der Text, also die Kunst, kein Verhältnis ein, das über deren Reflexion hinausginge. In den Stand der Kunst erhebt sich solcher Text gerade, damit er nicht auch noch an den Kriterien der bürgerlichen Alltagsmoral gemessen wird.

Deshalb auch ist es ahistorisch, Text in den Sozialen Medien plötzlich anderen Kriterien, etwa denen von privater oder politischer Moral unterzuordnen. Man könnte, wenn sich diese Maßstäbe durchsetzen sollten, dann auch sofort mit dem Schreiben aufhören. Es brauchte dann gar keine Texte und Begriffe mehr, sondern es genügten bereits Grunzlaute und ermahnende Schnalzgeräusche, die anzeigen, wo das Rudel langzulaufen hat. Die Gesellschaft kommt ganz gut ohne Text aus. In den sozialen Netzwerken dienen Wörter nur noch dazu, Reviermarkierungen, das Einsammeln der Herde und die Aufforderung zum moralisch richtigen Handeln, also: das Unterlassen von Handeln und stattdessen Empörung oder Kritik zu kultivieren.

Der Text-Ethos ist dem Medien-Ethos entgegengesetzt: Der Affekt der Empörung ist der Modus des Sozialen. Nüchterne Sachlichkeit kann sich auf solcher Ebene nicht durchsetzen. Diese aber ist Grundlage des Text-Ethos. In den als »sozial« verstandenen Medien *muss* dieser also notwendig gemieden werden.

Denn Begriffe und Sprache stören da nur. Text wird zum zufälligen Bild, zu austauschbarem Blindtext, der keine wirkliche, in der materiellen Realität nachweisbare Bedeutung mehr hat. Die Aufrufe linker Gruppierungen sind von denen rechter und liberaler Gruppen bereits kaum noch zu unterscheiden, wenn es allen um das Kollektivgefühl geht, sich auf der richtigen, der *moralisch* richtigen, der ethisch siegreichen Seite zu befinden.

Der Hass verletzt den Konsens beliebiger Splittergruppen-Moralen, aber deren Anhänger geifern, sie würden dadurch als Einzelpersonen verletzt. Damit sind die Konflikte um Phänomene wie den »Hass im Netz«, Beleidigung, Proteste, Solidaritäts- oder Verbotsaufrufe zusammengefasst. Die Kaiser der Empörungsmoral haben keine neuen Kleider, sie sind tatsächlich splitternackt.

In Anbetracht einer Entwicklung, die heute begriffslos als »Digitalisierung« bagatellisiert wird und in deren Verlauf immer mehr Kommunikation, ja Leben, Arbeit, menschliche Beziehungen und ganze Existenzen im Netz stattfinden und auf dieses beschränkt sind, muss die Tendenz hin zur Maßregelung mittels Nettiquette und direkter Zensur durch die Privateigentümer der Netzplattformen als umso schwerwiegender bemessen werden. Keine Person erdreistete sich im realen Leben, jemanden in dessen physischer Anwesenheit auf solche Weise zu entmündigen. Jetzt aber, wo ganze Kohorten ihre Lebensäußerungen, ihre Berufstätigkeit, ihr Privatleben im Netz zu verrichten gezwungen sind, ist es umso wichtiger, sich gegen den Trickbegriff vom »Hass im Netz« zu stellen, der nur dazu dient, *vor* jeder staatlichen Zensur eine Atmosphäre zu erwirken, in der klassenbewusste Entschlossenheit, künstlerische Tätigkeit und überhaupt nur das Andeuten revolutionärer Bestrebung unter Generalverdacht gestellt sind.

Es müssen also, soll die Möglichkeit des Hassens gewahrt bleiben, die Prinzipien der schönen Seelen des Linksliberalismus, des Anarchismus und der anderen linken Idealismen in ihre Schranken verwiesen und der dialektische Materialismus wieder ins Recht gesetzt werden.

Dazu brauchte es gar nicht viel Krawall. Es genügte bereits das entschiedene Eintreten für den unbedingten Ethos des Textes. Soll die herrschende Klasse verhindern und bekämpfen, was sie will. Sollten aber die Eingriffe in die Autonomie des Textes erst mal Selbstverständlichkeit geworden sein, sollte der moralistische Furor des Aktivismus sich weiter in den Text hineinbohren und dieser damit zum erhobenen Zeigefinger verkommen, wird an geistiger Substanz in der Welt nicht mehr viel zu retten übrig bleiben. Nicht nur entstehender Text, auch der bereits vorhandene wird dann rückwirkend beschädigt sein, und in Folge auch die Gedanken und damit die Lehren von den Möglichkeiten zur Umwälzung der Verhältnisse.

Am Ende wird das Wort gelten. Das heißt, es ist lediglich der Text als solcher zu beurteilen und nicht die vom Leser hineinprojizierten Affekte und Moralen zu dessen Inhalt zu erheben. Was geschrieben steht, ist das entscheidende, nicht das, was irgendwer meint, was drin stehe. Dem Inhalt des Textes muss mehr entnommen werden als des Lesers eigene ideologische Schnittmuster. Der Text dürfte nicht als bloßer Ausdruck des schlechten oder guten Charakters seines Verfassers gedeutet werden, sondern vielmehr als Eindruck, den er von den Verhältnissen der wirklichen Welt gibt, die auch den Charakter des Verfassers hervorgebracht haben und diesem also übergeordnet sind. Dazu müsste man wieder wirklich lesen können und nicht bloß annehmen, alle Worte würden die schon vorhandenen Vorstellungen lediglich bestätigen. Man müsste, was selten ist, sich vom Text überraschen, überrumpeln, ja hassen lassen, um von ihm wirklich überzeugt werden, also etwas lernen zu können. Und man muss die Angst vor dem Fremden, Unbekannten im Text überwinden, sich von diesem entfremden, verwandeln lassen, um zur wahren Lektüre zu gelangen, denn es ist jene Angst, und nicht bloß fehlende Hirnkraft, die das Textverständnis trübt.

Sicher, der Text und sein unbedingtes Ethos wird es uns nicht leicht machen. Er ist die letzte Instanz. Aber er ist die einzige Chance.

Anmerkungen

1 Peter Sloterdijk über Gegenwart und Zukunft der Demokratie. www.nzz.ch/feuilleton/peter-sloterdijk-ueber-gegenwart-und-zukunft-der-demokratie-ld.1511466.

2 Vgl. etwa: *Maybrit Illner: Mordfall Lübcke – rechter Terror in Deutschland?* Erstausstrahlung: 20.06.2019, ZDF. Hier weist Lobo immerhin noch darauf hin, dass es nicht nur das Internet ist, welches »Stimmungen« verbreite, sondern auch die herkömmlichen Medien Verantwortung trügen. Nur bleibt die allgemeine Rede von Stimmungen auf dem Reflexionsstand eines AfD-Wahlkampfstrategen stehen und fasst keine konkrete materielle Realität, die ja, munkelt man, eventuell etwas mit dem Antagonismus von Besitzenden und Nichtbesitzenden zu tun hat.

3 Johann Peter Eckermann: Gespräche mit Goethe in den letzten Jahren seines Lebens. Hrsg. von Fritz Bergemann. Frankfurt am Main/Leipzig: 1981, S. 689 f.

4 Karl Kraus: Ein Friedmensch. Die Fackel, Heft 735–742, S. 95. Online: fackel.oeaw.ac.at

5 a) Karl Kraus: Aus dem Papierkorb. A. a.O., Heft 289, S. 7, b) Ders.: Pro domo et mundo. A. a.O., Heft 300, S. 20.

6 Rainald Goetz: Klage. Frankfurt am Main: 2008, S. 48.

7 Rainald Goetz: Hirn. Frankfurt am Main: 1986, S. 111 f. In der zuvor im »Spex« veröffentlichten Version ist das zensierte Wort ausgeschrieben.

8 Zitiert nach Andreas Rosenfelder: Ein offener Brief. An Dr. med. Dr. phil. Rainald Goetz. In: Die Welt vom 6.4.2020. www.welt.de/kultur/literarischewelt/article206912147/Ein-offener-Brief-An-Dr-med-Dr-phil-Rainald-Goetz.html

9 Karl Marx / Friedrich Engels: Werke (MEW), Band 26.1. Berlin: 1961, S. 363 f.

10 Bertolt Brecht an Thomas Mann: Wer meint wen. Schriften zur Literatur und Kunst, Band 1, S. 51 f.

11 Bertolt Brecht: Anmerkungen zu »Die Mutter«. Schriften zur Politik und Gesellschaft, S. 80; Hervorhebungen M. G.

12 »Wenn einer einen Beschluß erwirkte, zur Feier von Goethes 250. Geburtstag drei Männer in der Ilm zu ersäufen, käme neben Bernd Kauffmann und Günther Beelitz auch Wilson sehr nett in Frage.« Peter Hacks: Goethes Schuld. In: Die Maßgaben der Kunst I, Hacks Werke, Band 13. Berlin: 2003, S. 535.

13 Georg Büchner: Briefe. An die Familie, im Februar 1834.

14 »Gott im Himmel weiß: Blutdurst ist meiner Seele fremd, und die Vorstellung, daß ich mich vor Gott verantworten muß, glaube ich in furchtbarem Grade zu haben; aber dennoch, dennoch wollte ich in Gottes Namen die Verantwortung auf mich nehmen, Feuer! zu kommandieren, wenn ich mich nur zuvor mit der ängstlichsten, gewissenhaftesten Sorgfalt davon überzeugt hätte, daß die Gewehrläufe auf keinen andern Menschen, ja auf kein anderes lebendes Wesen gerichtet wären als auf – Journalisten.« Oder auch: »Die Regierung kann nicht die Mitteilung der Rede verbieten, sie ist Gottes Gabe; aber sie könnte sehr wohl die Tagespresse verbieten, weil sie ein allzu ungeheures Mitteilungsmedium ist.« Sören Kierkegaard: Tagebuch. Zitiert nach Hans Magnus Enzensberger: Der Triumph der Bild-Zeitung oder die Katastrophe der Pressefreiheit. Merkur, Juni 1983, 37. Jahrgang, Heft 420, S. 651.

15 Die juristischen Finessen und Funktionen der Internet-Gesetzgebung in der Bundesrepublik sind nicht Gegenstand dieses Buchs. Was aber festzustellen ist: Das »Netzwerkdurchsetzungsgesetz« (NetzDG) dient ebenso wie die EU-«Datenschutz-Grundverordnung« (DSGVO) dem deutschen Großunternehmertum innenpolitisch als Schutz vor einer auffallend oft als asiatisch ausgemachten Datenraubmafia, außenpolitisch wiederum wesentlich zur Einhegung der vornehmlich von der US-Konkurrenz dominierten Internet-Technologien. Zur nationalstaatlichen Konkurrenz und zum Klassenkampf im Internet zwischen den Bourgeois heißt es etwa in der jungen Welt vom 17.12. 2020: »NetzDG und Co. sollen eine weitere Funktion erfüllen [...]: Das deutsche Kapital hat das ›Neuland Internet‹ bekanntlich freiwillig US-Konzernen überlassen. [...] Für gewöhnlich greifen Staaten als ideelle Gesamtkapitalisten in solchen Fällen zu Protektionismus; sie bekämpfen ausländische Konkurrenz, um heimischen Marken zum Aufschwung zu verhelfen. In diesem Fall gibt es jedoch keine Eigengewächse, die EU-Abschottung führt notwendig zur Entdigitalisierung. Die BRD feiert

sich dafür gern als Vorreiter in Sachen ›Datenschutz‹. Klar, wenn es keine Daten gibt, muss man sich auch nicht um Missbrauch sorgen. / Das Resultat? Die Großen haben Heerscharen von Anwälten, die sie raushauen. Die Kleinen löschen lieber alles oder schalten ihre Funktionen ab, um nicht in die Bredouille zu kommen. Und was ›Terrorpropaganda‹ ist, bestimmt der Verfassungsschutz: Heute ein Bild von PKK-Fahnen, morgen dann der Aufruf zum ›wilden‹ Streik, übermorgen vielleicht jede Kritik an den ›Antiterrorgesetzen‹. Nur die deutschen Hetzer – wie die Bild – sind fein raus.« Sebastian Carlens: Digitale Entkoppelung. EU-Vorstoß gegen »Terror« im Netz. Junge Welt vom 17.12.2020. www.jungewelt.de/artikel/392720.digitale-entkoppelung.html

16 Sascha Lobo: Unsere Mütter, unsere Fehler. saschalobo.com/2013/03/22/unsere-muetter-unsere-fehler

17 Sarah Pines: Hass ist langlebiger als Liebe – und entwürdigend. Aber vielleicht ist Literatur am besten, wenn sie hasst und liebt. In: NZZ vom 28.01.2020. www.nzz.ch/feuilleton/hass-er-gleicht-in-manchem-der-liebe-aber-ist-zaeher-ld.1532110

18 Carolin Emcke: Gegen den Hass. Frankfurt am Main: 2016.

19 DLF am 23.10.2019. www.deutschlandfunk.de/hasskommentare-im-internet-ermittler-hetze-kommt.694.de.html?dram:article_id=461626

20 www.fischerverlage.de/buch/carolin_emcke_gegen_den_hass/9783103972313

21 Auf Twitter, am 7.11.2019: »Ich bitte, diese bittere, lustige, bittere & brillante Rede von @marga_owski zum Tucholsky-Preis zu lesen, denn sie ist wahr (und bitter)«. twitter.com/saschalobo/status/1192516573828976641

22 Margarete Stokowski: »Ich denke dann kurz: Ja, normal«. taz.de/Tucholsky-Preis-fuer-Margarete-Stokowski/!5639020

23 Kurt Tucholsky: Wir Negativen. In: Die Weltbühne, 13.03.1919, Nr. 12, S. 279. tucholsky-gesellschaft.de/indexalt.htm?KT/Texte/wirnegativen.htm. Zu Tucholskys Befürwortung des Hasses auch außerhalb des Netzes siehe auch sein Zitat auf S. 7 dieses Buches.

24 Margarete Stokowski: ebd.

25 Jürgen Brokoff, Robert Walter-Jochum: Hass/Literatur. Zur Einleitung. In: Dies. (Hrsg.): Hass/Literatur. Literatur- und kulturwissenschaftliche Beiträge. Bielefeld: 2019, S. 9.

26 Auch die ARD und der österreichische Bundeskanzler sind da schnell zur Stelle: »Die Story ›Wenn auf Terror Hass folgt‹ zeigt am Beispiel Manchester, was passieren kann, wenn der Hass gegen Andere instrumentalisiert wird und das friedliche Zusammenleben bedroht.« ARD, 12. 06. 2019: programm.ard.de/TV/wdrkoeln/wenn-auf-terror-hass-folgt--ein-anschlag-ver-ndert-eine-stadt/eid_281111676135113 / »Österreichs Kanzler Kurz: ›Es war ein Anschlag aus Hass‹. Der Anschlag in Wien war nach Worten von Bundeskanzler Sebastian Kurz eindeutig islamistisch motiviert. ›Es war ein Anschlag aus Hass, aus Hass auf unsere Grundwerte, aus Hass auf unser Lebensmodell, aus Hass auf unsere Demokratie.‹ Es gehe um einen Kampf zwischen Zivilisation und Barbarei. ›Und diesen Kampf werden wir mit aller Entschiedenheit führen.‹ Sebastian Kurz«. ZDF am 03. 11. 2020, 16:12 Uhr. www.zdf.de/nachrichten/politik/wien-terroranschlag-100.html

27 In Kreisen der Social-Media-Forschung wird davon ausgegangen, dass zumindest die deutschsprachigen Twittertrolle in der Mehrheit links sind: »Hammer hält das Netzwerk sogar überwiegend für links, es gebe Verbindungen zu kommunistischen und antikapitalistischen Accounts. ›Viele der Trolle fühlen sich auf Twitter machtlos und haben das Gefühl, dass ihre Kritik ignoriert wird. Deshalb greifen sie zu drastischeren Mitteln‹, sagt Hammer.« www.sueddeutsche.de/digital/sifftwitter-eine-welt-in-der-morddrohungen-satire-sind-1.3498853

28 Johann Wolfgang von Goethe: Maximen und Reflexionen, Nr. 863.

29 Thomas Keck / Jens Mehrle (Hrsg.): Berlinische Dramaturgie. Gesprächsprotokolle der von Peter Hacks geleiteten Akademiearbeitsgruppen. Band 4: Technik des Dramas. Berlin: 2010, S. 47.

30 Peter Hacks: Unter den Medien schweigen die Musen. Die Maßgaben der Kunst I, Hacks Werke, Bd. 13. Berlin: 2003, S. 437.

31 Georg Wilhelm Friedrich Hegel: Grundlinien der Philosophie des Rechts § 244. Frankfurt am Main: 1970, S. 389.

32 Ebd., §244, Zusatz, S. 390.

33 »Eine Welt, in der Morddrohungen Satire sind«. In: SZ vom 11. 5. 2017. www.sueddeutsche.de/digital/sifftwitter-eine-welt-in-der-morddrohungen-satire-sind-1.3498853

34 de-bug.de/mag/dietmar-dath

35 Christopher Lasch: The minimal self. Zitiert nach Daniele Giglioli: Die Opferfalle. Berlin: 2016, S. 12.

36 »Die nächsthöhere Stufe ist, daß der gute Wille darin bestehen soll, *daß er das Gute will*, dies Wollen des *abstrakt Guten* soll hinreichen, ja die einzige Erfordernis sein, damit die Handlung gut sei. Indem die Handlung als *bestimmtes* Wollen einen Inhalt hat, das *abstrakte Gute* aber nichts bestimmt, so ist es der besonderen Subjektivität vorbehalten, ihm seine Bestimmung und Erfüllung zu geben.« Hegel, a. a.O., S. 269.

37 Georg Wilhelm Friedrich Hegel: Ästhetik I. Werke, Band 13. Frankfurt am Main: 1970, S. 96 f. Hervorhebungen M. G.

38 t.co/DWxI8MCsgY

39 Zitiert nach Henning Ritter: Notizhefte. Berlin: 2010, S. 364.

40 Georg Wilhelm Friedrich Hegel: Phänomenologie des Geistes. Frankfurt am Main: 1979, S. 489. Hervorhebungen im Original.

41 Peter Hacks: Neues von Biermann. In: Die Maßgaben der Kunst I, Hacks Werke, Band 13. Berlin: 2003, S. 273.

42 Wie z. B. die Deutsche Telekom und ihre Kampagne »Gegen Hass im Netz«: www.telekom.com/de/konzern/themenspecials/gegen-hass-im-netz

43 Carolin Emcke: »Der Hass sucht sich seine Objekte«. DLF Tacheles am 22.10.2016: www.deutschlandfunkkultur.de/friedenspreistraegerin-carolin-emcke-der-hass-sucht-sich.990.de.html?dram:article_id=369064

44 Sigmund Freud: Abriss der Psychoanalyse. Gesammelte Werke, Band 17. London: 1941, S. 72.

45 Ebd.

46 »Mitleid glaubt, die Welt sei öde und leer, bloß nicht bei mir selber. Im Mitleid ist immer auch ein bißchen Freude über das eigene Verschontsein. [...] Solange Sie nicht wirklich helfen [...] solange ist alles sehr nett und menschlich anrührend und so gut gemeint; solange ist es ein Dreck. / Wenn Sie nämlich aufhören Mitleid zu haben, müssen Sie sich überlegen, wo Sie anfangen. Mit Mitleid hupfen Sie mal hier rum und mal da. Mit Mitleid gibt es nämlich viel zu tun. Mit Mitleid ist es nämlich nicht möglich, zu einem Ende zu kommen, also zu einem Anfang. Mitleid macht einzeln. Mitleid macht glücklich. Mitleid entschuldigt alles. Weil es so viel zu tun gibt, kann ich es leider gar nicht schaffen, Pech. Man kann also gar nichts tun, schade. / Jedes Mitleid ist eine Form von Selbstmitleid. Selbstmitleid geschieht, wo jemand nicht handelt.

Wo jemand nicht handelt, steht er im Weg. Und Sie, ja Sie da, Sie werden gefälligst nicht im Weg stehn.« Ronald M. Schernikau: Königin im Dreck. Berlin: 2009, S. 163 ff.

47 Peter Sloterdijk: Der Weltinnenraum des Kapitals. Frankfurt am Main: 2005, S. 278.

48 Helmuth Plessner: Grenzen der Gemeinschaft. Gesammelte Schriften V, S. 99.

49 Ebd., S. 99

50 Alle Zitate in: SZ-Magazin Nr. 20, 15. 5. 2020, S. 24.

51 Vgl. MEW 1, S. 381.

Alle Netzquellen wurden letztmalig zu Redaktionsschluss des Buches Ende Dezember 2020 aufgerufen.

Klimaneutral
Druckprodukt
ClimatePartner.com/14924-2012-1001

Das Neue Berlin –
eine Marke der Eulenspiegel Verlagsgruppe Buchverlage

ISBN 978-3-360-01373-6

1. Auflage 2021
© Eulenspiegel Verlagsgruppe Buchverlage GmbH, Berlin
Alle Rechte der Verbreitung vorbehalten.
Ohne ausdrückliche Genehmigung des Verlages ist nicht gestattet, dieses Werk oder Teile daraus auf fotomechanischem Weg zu vervielfältigen oder in Datenbanken aufzunehmen.

Umschlaggestaltung: Buchgut, Berlin
Printed in EU

www.eulenspiegel.com